活起来的博物馆

张晴 著

Living Museum

文化艺术出版社
Culture and Art Publishing House

图书在版编目（CIP）数据

活起来的博物馆 / 张晴著 . — 北京 : 文化艺术出版社 , 2023.4
ISBN 978 - 7 - 5039 - 7405 - 2

Ⅰ .①活… Ⅱ .①张… Ⅲ .①博物馆 Ⅳ .① G 26

中国国家版本馆 CIP 数据核字 (2023) 第 067711 号

活起来的博物馆

著　　者	张　晴
责任编辑	董良敏
责任校对	董　斌
封面设计	XXL Studio
版式设计	楚燕平
出版发行	文化艺术出版社
地　　址	北京市东城区东四八条52号（100700）
网　　址	www.caaph.com
电子邮箱	s@caaph.com
电　　话	（010）84057666（总编室）　84057667（办公室） 84057696—84057699（发行部）
传　　真	（010）84057660（总编室）　84057670（办公室） 84057690（发行部）
经　　销	新华书店
印　　刷	中煤（北京）印务有限公司
版　　次	2023年6月第1版
印　　次	2023年6月第1次印刷
开　　本	889毫米 × 1194毫米　1/32
印　　张	8
字　　数	160千字
书　　号	ISBN 978 - 7 - 5039 - 7405 - 2
定　　价	68.00 元

序

  21 世纪以来，以大数据、人工智能为代表的新技术革命迅猛发展，数字经济在全球范围内呈爆发性增长，数字技术融入了社会生活的方方面面，人类的生产生活呈现与历史上任何一个时期都不同的面貌。

  而当数字技术与文化艺术相融合，便带来了很多意想不到却又充满了创造力的博物馆展览空间，直观表现为数字文化产业蓬勃发展。2022 年，中共中央办公厅、国务院办公厅印发了《关于推进实施国家文化数字化战略的意见》，明确到"十四五"时期末，基本建成文化数字化基础设施和服务平台，形成线上线下融合互动、立体覆盖的文化服务供给体系；到 2035 年，建成物理分布、逻辑关联、快速链接、高效搜索、全面共享、重点集成的国家文化大数据体系，中华文化全景呈现，中华文化数字化成果全民共享。2022 年，工业和信息化部、教育部、文化和旅游部、国家广播电视总局、国家体育总局已经联合印发《虚拟现实与行业应用融合发展行动计划（2022—2026 年）》，特别明确在工业生产、文化旅游、融合媒体、智慧城市等虚拟现实重点应用领域实现突破。在加速多行业多场景应用落地方面明确提出，推动博物馆、美术馆、文化展馆、旅游场所、特色街区开发虚拟现实数字化体验产品，让优秀文化和旅游资源借助虚拟现实技术"活起来"；开展行前预览、虚实融合导航、导游导览、艺术品展陈、文物古迹复原等虚拟现实创新应用，鼓励一二级博物馆、具有条件的旅游活动场所设置沉浸式体验设施设备；搭建常态化虚拟现实线上演播摄制播出环境，支持舞台艺术、综艺、非物质文化遗产等优质资源网络展演，开展沉浸式业态体验落地推广活动。

由此可知，文化数字化是国家文化领域的核心战略，对文化产业的发展发挥重大影响和促进作用，而艺术与科技融合的虚拟现实技术，是当代数字化技术的重要成果之一。让优秀文化和旅游资源、博物馆展览场景借助虚拟现实技术"活起来"，将给人们带来更多全新体验，在文化和旅游领域，特别是科技赋能的博物馆领域大有可为。有鉴于此，本书的意义就凸显出来了。它借助多个文物与艺术的应用场景，描述了虚拟现实技术在文化艺术领域的应用模式，并对这些现实中的应用实例进行理论梳理与实践分析，对当前文化数字化领域的研究者和应用者，都将大有启迪。

作者张晴多年来在中国艺术科技研究所从事艺术与科技

融合研究与实践，在虚拟现实技术研究方面，包括数字艺术与博物馆文物之间的互动做了很多探索。她有着严谨的科学精神、宽阔的文化视野、细腻的美学感悟、丰富的研发经验，并取得丰硕成果，祝愿她在艺术科技融合之路上越走越顺畅，越走越有趣。

在数字化的赋能下，文化艺术和博物馆将呈现更加多姿多彩的面貌，不仅愉悦心灵，更能打动心灵。艺术与科技融合，将会有更多的应用方式，也将呈现越来越精彩的面貌。此书，将在数字艺术与博物馆融合和发展的舞台上，留下精彩的一幕。

中国艺术科技研究所所长　李蔚

2023 年 3 月

目　录

四 作为实验的文化地带

前　言

　　正如德国艺术史学者霍斯特·布雷德坎普（Horst Bredekamp）所言，20 世纪是"图像的世纪"，图像本身已构成历史的一部分，并且关乎知觉的经验和行动的生产。而在经历过摄影、电影、电视及印刷品的洗礼后，今日移动互联网、智能手机、短视频社交媒体的空前发展使人类世界被图像与影像占领和吞噬。与此同时，20 世纪后半叶特别是 21 世纪之后，科学、技术与社会的相互渗透，现代社会面临的诸多问题需要多学科的知识和技能才能解决，跨学科、异质的知识生产模式才能适应科技创新与时代进步的要求。由此，艺术和科学在经历漫长的分合后，开始呈现交叉融合的趋势，这一趋向也使艺术的世界和博物馆的世界更加丰富多彩。

　　曹意强在《艺术与科学革命》一文中指出："艺术与科学合力征服新的观念，它们常常运用相同的题材达到相同的目的……探究宇宙的奥秘是他们共同的目标。"我们将艺术与科学视为人类探索世界的两种平行的方式，艺术创新和博物馆陈列需要利用科学技术更好地表达创作者的情感与对世界的体验，而科学需要借助艺术创造文博展示的模式去阐释有关世界的知识。如此看来，科学与艺术创新和博物馆陈列的融合或许是人类对于知识、记忆与未来的一种必然和共同的需求。

本书立足全球观照与本土关怀、传统艺术与当代艺术相互交织的共生格局，基于艺术和科学融合的视角，意图探讨的是：我国的传统艺术与博物馆陈列场景，尤其是中华优秀传统文化如何创造性转化，如何创新性发展，如何与科技相融从而突破发展的困境。

目前，虚拟现实技术以自身独特的技术特质，超越了单纯的技术层面，而形成了"实践—重构—反思—体验—新知"的全新艺术认知模式，直指艺术的内在本质。虚拟现实系统的遥距在场特征对传统的"在场"哲学提出了挑战，它以人机交互、虚实相辅的崭新感官生成模式，打开了以传统哲学为支撑、以主体感官为度量的传统认知艺术的缺口。由此，虚拟现实中的互动语言转化开启了艺术与传统、艺术与现实等链接与作用的全新机制，也成了贯穿本书实践的关键线索。作为一名艺术工作者，基于新兴科技进行跨领域、跨学科探索发散的成果积累，也作为一名研究者对于文化传统与博物馆进行多层次、多向度创新实践的经验集结，本书尝试在保证技术架构可行性的基础上，对中华优秀传统文化代表性的视觉样式在博物馆陈列场景中，进行研究、传承、创新、发展，拓宽传统文化的发展路径。

文化是国家实力的重要组成部分，是民族凝聚力和创造力的重要源泉。博物馆作为传承文化、传播思想的重要平台，显然肩负着繁荣先进文化的时代任务。第一部分"活化的博物馆"响应国家的战略方针和文化和旅游部的相关政策，分别从当代视觉艺术视域中研究数字艺术与博物馆的视觉陈列、AR+博物馆场景创新、沉浸式博物馆文化衍生品创意开发等方面展开探索,让现代博物馆在互联网时代的语境下焕发生机,让所展示的作品"活起来"。这也是包括笔者在内的许多文化科技从业者,当下正在进行的求索,正因为要为文化的传承和发展做出自己的贡献,我们的工作才必须更为根本地深植于艺术世界与科技世界。

在数字化时代,影像记录已成为当下国人普遍的生存现状。影像之道在中西语境中,在传统与现代的交织融合中,产生了丰富的内涵与艺术张力。对于中国当代艺术而言,影像既是记录现实和投射记忆,亦是艺术家赖以表达和颠覆观念的行动艺术。颠覆影像的未来浪潮,力求激活影像给予文化和生活的动力,以可视的技术与不可视的狂想雕刻时光。第二部分"影像思维"重在反思,即在全球数字化时代的语境下,在传统与现代的思想碰撞中,在博物馆场景应用的新探索能够产生怎样丰富的艺术张力与实践意义。而跨学科、跨文化、跨思想的交流融合,足以突破、消解乃至重新建构的艺术形式,使艺术及其观念在交叉与重叠中形成崭新的文化思想,同时揭示了未来艺术在未知领域的可能创造,继而塑造人们的思维与社会的观念。

诚然,艺术家最初描摹世界的方式是从生活中提取内容并将其运用到艺术创作中,但步入新时代,视觉文化的图景越发广阔,我们可以有取舍地提取生活中的精华构建审美语言,通过不断创造新的形式和理念来揭示纯粹的视觉价值。第三部分"重新发现的视觉文化"关注的是在"世界图像时代",联系到博物馆场景应用显示广阔国际视野的同时,又凝聚强烈的中华文化思想,从而探讨我国的艺术问题。

借助视觉文化研究，我们可以将一段时期的视觉艺术视作观察我国社会变化的一个侧面。在中国现代社会的实践中，视觉艺术以其特殊的再现形式参与其中，以新时代中介的全新视角对旧有的视觉呈现进行全新建构，并进一步形塑了当今社会环境下公众的主动行动力。因此，重新发现视觉文化，将中华传统文化内涵与现代科学技术相结合，不仅可以重新唤起文博工作者和艺术工作者对这一问题的再度思考，扩大中华传统文化和当代博物馆学影响力，触及视觉文化研究的智性实践，也为推动中国视觉文化的传承与博物馆的振兴、提高中国视觉文化技术与博物馆科技领域的创新提供持久动力。

　　世界因探索与实验而进步，这一规律适用于科技，也适用于艺术创新和博物馆展陈，而不同学科之间也因为联络呼应，形成极大的跨越。第四部分"作为实验的文化地带"兼顾艺术与科技融合问题的当代语境，尝试分析数字媒介的介入如何改变了传统文化遗产的感知、阐释和传播方式，而观众、媒介技术和传统文化又如何为文化遗产的传播与传承提供了新的理论资源。很长一段时间以来，人们对这一问题的认识趋于模糊，摇摆不定且流于口号。文化遗产的保护绝不是生搬硬套或者简单重复前人经验，我们应从国家全面实施的文化强国战略的全局高度、战略高度出发，坚持需求导向，全面审视该问题。这一部分提出的种种构想将有利于我们审视当下博物馆数字技术和文化遗产的关系，以及数字媒介技术如何应用于文化遗产的保护与传播。

　　媒介的虚拟化发展影响了物质的实体意义，让传统物质文化的传承陷入困境，但数字媒体的出现也将科技设备、博物馆场所和人三者紧密联系在一起，从而突破了过往的"身心分离"和"去地方"的传播方式。身处数字技术所主导的媒介域中，虚拟现实技术的实践应用为文化遗产的传承提供了全新的可能视角，为促进优秀传统文化的文博展示与传播拓宽思路方法，起到引领作用。

从原始图像到文字的创造，再到科学公式，人类逐步进化出复杂的信息表达与传输方式，从本质上来看，这一切都是人类在实践中因认识世界而获得的信息，是人类的文化。随着科学技术的发展，其对艺术的影响和支撑逐渐扩大，数字技术在艺术文博领域的应用成为必然趋势。因此，在知识经济与创新并存的时代，过去、现在、未来，重复交织的多重现实中，传统艺术如何应对复杂的观看 AR 和 VR 博物馆场景模式与观赏环境，如何突破单学科带来的视野限制和思维瓶颈，如何获得观众的关注并将其传承下去？文博工作者和文化艺术工作者要不断探索、开发新的专业展示渠道，不断为观众提供高品质的文化内容，让中华优秀传统文化艺术重现昔日光彩，甚至散发出更大的艺术魅力。而艺术与科技的融合，利用博物馆数字技术传播传统艺术与文化内涵、更新传统艺术的表达形式，显然是当前时代的重要命题。唯有如此，才能使文化艺术通过图像的中介作用转化为一种解放性的智性能量，才能使中华优秀传统文化艺术和博物馆事业走向当代，进而走向世界。

一　活化的博物馆

文化是国家实力的重要组成部分，是民族凝聚力和创造力的重要源泉。而新时代语境下的中国博物馆，显然肩负着传承中华文明和民族精神的时代任务。一如习近平总书记所指出，"让收藏在博物馆里的文物、陈列在广阔大地上的遗产、书写在古籍里的文字都活起来"。伴随着数字科技的发展，在互联网时代的语境下，现代数字博物馆应该对传统的"物"进行创造性的转化，依托各自馆藏和数字资源，让所展示的作品"活起来"。

近年来，国务院办公厅印发《"十四五"文物保护和科技创新规划》、九部委印发《关于推进博物馆改革发展的指导意见》，提倡"博物馆+"战略、加快藏品数字化、优化传播服务，意图激发博物馆创新活力，也为博物馆的文物活化指明了方向。"予文物以生命，赋岁月以文明"，当我们在面对博物馆藏品的时候，当回忆起近千百年来发生的剧变，自然会对这些作品生出更多的感触，这种敬畏和感动也应当成为我们艺术工作者的自觉。换言之，活化的博物馆不仅是文物保护和宣传的重要载体，亦承担着激发中华传统文化的生机与活力，重新诠释中华文明的重要使命。

在博物馆学已被探讨得如此丰富的今天，再从纯理论的角度对其进行研究似乎已经没有太大的必要，显然这也并非我们要研究的方向。具体而言，本部分的三篇文章分别从当代视觉艺术视域的数字艺术与博物馆的视觉陈列、沉浸式博物馆文化衍生品创意开发切入，从美学思想、数字化发展、文化创意等角度展开思考，探讨活化的博物馆的实际应用、文化遗产的创新生命力以及优秀传统文化的广泛传播，一定意义上回应着上述的官方文件，因而具有了强烈的现实指向。

《当代视觉艺术视域下的数字艺术与博物馆陈列》一文，首先回顾博物馆的起源与发展，并从西方美学思想的角度反思"视觉"如何主宰博物馆的传统陈列。西方文化视觉优先的理论研究可以回溯至柏拉图的思想，其与亚里士多德的感官等级制一同确立了西方哲学中的"视觉中心主义"传统。随后中世纪的形而上学与文艺复兴的科学透视法，再到笛卡尔的"我思故我在"，以及现代科学的兴盛，无不强调了视觉的中心地位。及至现代，美国学者妮娜·莱文特(Nina Levent)和阿尔瓦罗·帕斯夸尔－利昂(Alvaro Pascual-Leone)开始反思西方"视觉霸权"的倾向，博物馆研究者亦强调博物馆的陈列应从单感官向多感官的方式转变。其次，文章从交互性和沉浸感两个维度，探讨观众如何通过多感官与数字艺术作品进行实时交互。进而分析艺术品与观众的关系，以及博物馆如何利用数字技术以实现新的审美体验。最后，借助莫里斯·梅洛-庞蒂的身体美学思想反思身体在博物馆数字化展示空间的意义，并以让·鲍德里亚的观点审视，博物馆通过数字展示所造成的影响对我们究竟具有何种现实意义。

《AR＋博物馆场景创新——以"AR＋鲁迅故居场景实践"为例》通过虚拟现实的数字手段，采用"AR＋博物馆场景"，配合专业演员的表演展开艺术探索实践，为中国现代思想解放先驱、中国现代文学奠基人鲁迅先生的立体人物形象重新赋能。当前，针对固定的大中型舞台现场表演，技术团队常采用全息技术呈现模式，以"虚拟场景＋真人"或"真实场景＋虚拟人"的形式，引领观众进入虚拟与现实融合的双重空间。再运用"蒙太奇手法"，利用观众的视觉错位和现场的表演技巧，使全息的三维图像与现实完美互动。"AR＋鲁迅故居实景"艺术实践探索的则是面向实景的沉浸式博物馆场景与舞台艺术创作模式，希望通过模式创新界定数字技术在舞台呈现、博物馆场景、虚景实景融合的边界与内涵，以实景空间与数字空间融合下博物馆场景与舞台作品创作模式研究为核心，以数字内容介入博物馆场景与舞台创新表演模式研究，以及沉浸式舞台艺术中观众参与和交互模式为重要内容。"AR＋实景"博物馆场景与舞台艺术表现形式的创新既是博物馆场景与传统演艺的变革升级，也是一种遵循博物馆场景与演艺规律的新艺术表达形式，对新时代博物馆场景与文化艺术事业发展具有重要意义。

《沉浸式博物馆的文化衍生品创意开发》以数字文化创意促进文物活化，最大限度地扩展文物的文化传播效应，从而让有距离感的馆藏文物以更加鲜活的形态出现在大众面前。中国是世界上最早生产瓷器的国家，早在一万年前就能够制作陶器，及至商代，开始烧制原始青瓷。东汉，特别是三国、两晋、南北朝时期，青瓷的烧造已达到非常高的水准。经过唐、宋的发展，瓷器的技法、种类、工艺愈加精湛丰富。元、明、清三朝，彩绘瓷艺术逐渐由繁荣发展至鼎盛。不过，对于普通观众来说，鲜少有机会能够体验制作陶瓷的过程。借助 VR 数字技术，人们可以"亲自"感受陶瓷的制作过程，甚至参与设计自己独特的文创产品。中华文明几千年的文化元素融入了文化产品之中，既充分发掘了文化遗产的衍生价值，也让大众在购买、消费文化产品的同时，感知与体会到我国优秀文化的内在价值。

博物馆的活化是一个久久为功的过程，永远面对着正在发生的问题，必须充满"重新发现历史"和"重新想象未来"的自觉意识，如此才能应对观众的诉求。虚拟现实技术以自身独特的技术特质，超越了单纯的技术层面，而形成了"实践—重构—反思—体验—新知"的全新艺术认知模式，直指艺术的内在本质。虚拟现实系统的遥距在场特征对传统的西方"在场"哲学提出了挑战，它以人机交互、虚实相辅的崭新感官生成模式，打开了以传统哲学为支撑、以主体感官为度量的传统认知艺术的缺口。由此，虚拟现实中的互动语言转化开启了艺术与传统、艺术与现实等链接与作用的全新机制，继而开辟了中国博物馆陈列展示充满想象的文化艺术互动实践。

中华优秀传统文化的传承不应停留在历史的重复之中，而需要在新的时代中重生。从博物馆文物资源的数字化，再到文化衍生品的创意开发，数字技术丰富了博物馆的文物展示形态，活化的博物馆的重塑之路正逐渐开启，也让文物的跨时空展示真正成为可能。

当代视觉艺术视域下的数字艺术与博物馆陈列

伴随着数字技术的发展，博物馆形态与观众的参观行为正遭遇重塑。这一转变有力推动博物馆陈列从单感官到多感官的特征转变，并激发新的审美体验。通过从沉浸维度分析艺术品与观众在博物馆数字化展示空间的关系，并结合梅洛 - 庞蒂的身体美学思想来反思身体在博物馆数字化展示空间的意义，当代视觉艺术视域下数字艺术与博物馆陈列之间的关系不断显现。

一、博物馆与视觉中心主义

"博物馆现象是一种古老而又长青的文化现象"[1]，其第一职能与本质在于珍品的收藏。在西方文明中，古希腊与古罗马孕育了欧洲的博物馆文化。古希腊是欧洲文化的摇篮，早在公元前 4 世纪，亚历山大大帝通过征服战争，掠夺和搜集了大量战争纪念品。托勒密一世在亚历山大城的宫殿中建立了科学与艺术中心，而亚里士多德学园遗存的珍品与稀有之物被存放在缪斯庙。在文学、艺术和科学的精神象征的崇高场所中，这座供奉缪斯女神的神庙或许可以看作原始博物馆的雏形。及至古罗马时代，皇帝奥古斯都的神殿里，陈列着各式巨骨、兵器与稀有古物。私人收藏艺术品的风气也日趋兴盛，贵族宅邸专门开辟陈列室以供客人观赏。

伴随着资本主义的发展，近代形态的博物馆开始发展出第二职能，即科学研究的兴起。"资产阶级革命敲开了博物馆殿堂的大门，博物馆有限度地对社会上层开放，从而开始了博物馆社会化的进程。"[2] 真正意义上博物馆的诞生是 1683 年英国牛津大学阿什莫林博物馆向社会公众开放。不过，当时博物馆在对待观众的态度并非欢迎与主动，而带有一种傲慢的轻视。1759 年不列颠博物馆开放时制定的《关于参观和利用不列颠博物馆的规程条例》中写道："凡好学与好奇者，倘要一睹本馆之藏品，必先呈一书面申请，注明自己的职业、名字和住址，方可在此后某日要求门票，以便能在次日参观。"[3] 这一流程至少需要两个星期，有时信任调查会持续数月之久，这显然是为拒绝接纳一般观众而故意制定的。

19 世纪初，随着政治进程的推进和公民教育的普及，欧洲进入了公共博物馆的大发展时期。欧洲各国的博物馆先后被建立起来，藏品的分类和陈列也越来越体现出专业化体系。其收藏职能愈加发达，科研职能迅速发展，继而形成博物馆双职能的复合形态。[4] 第二职能的出现丰富了博物馆的本质属性，扩大了它的文化内涵，而由于科研职能的固有属性，促使博物馆加快了自身的科学化建设进程，逐渐实现了博物馆业务的分工。与此同时，博物馆的理论与实践都得到了相应的更新与发展。

20世纪之后，博物馆现象的现代形态进一步显现，并演变出第三职能，即社会教育职能。从秘藏到开放，从私人到社会，向公众开放已成为博物馆的基本特征之一，其社会价值也日益为公众所知。"社会教育职能的崛起是博物馆前进道路上的一个重要的界碑，是博物馆走向现代化的一个新特征。"[5] 而发展至20世纪下半叶时，出现了一些崭新的博物馆文化现象和博物馆社会现象。由此，博物馆进入了新的历史阶段，已经突破了原有的三种基本职能，开始向多方向拓展、多维度延伸。

当下博物馆的视觉问题引起学术界的关注与讨论。由美国学者妮娜·莱文特（Nina Levent）、阿尔瓦罗·帕斯夸尔-利昂（Alvaro Pascual-Leone）主编的论文集《多感知博物馆：触摸、声音、嗅味、空间与记忆的跨学科视野》则有明显的反对西方"视觉霸权"[6] 的倾向，其中许多研究者都认为触觉、嗅觉、味觉等在传统博物馆中受到"感官等级"的制约，视觉感知拥有凌驾于其他感官之上的特权。例如，乔伊·莫妮卡（Joy Monice）和弗兰克·沃德瓦尔卡（Frank Vodvarka）的研究指出，"博物馆"一词在西方博物馆历史中意味着固化的、视觉中心的场所。[7] 而在《目的地文化：旅游、博物馆与遗产》一书中，芭芭拉·基尔希布拉特-吉布利特（Barbara Kirshenblatt-Gimblett）也指出，博物馆中的传统展览倾向于尽量削减感知模式的复杂性，并提供单纯的视觉愉悦。[8] 有着相似观点的还有美国艺术史学家斯维特拉娜·阿尔珀斯（Svetlana

Alpers），她在文章《博物馆：一种看的方式》中指出，我们的眼睛在博物馆里得到锻炼，博物馆的藏品成为我们的视觉趣味。[9]的确，博物馆如果对观众的感觉加以限制，其结果可能会使它的功能被局限为"单一感官领悟"的空间。[10]正如阿尔珀斯的研究，欧洲博物馆长期以来的展品都确立了视觉趣味的特点，无论这些特点是不是物品生产者所意图确立的。[11]而这可能误导我们以为今天博物馆的这种观看方式是约定俗成的。因此，在展开论述之前，笔者也希望回到西方美学思想中，寻找理解视觉主宰博物馆的理论依据。

首先，笔者在本文援引了"视觉中心主义"术语，马丁·杰（Martin Jay）被认为是较早和较多使用这一术语的当代学者。[12]他在 1988 年发表的文章《解释学的兴起与视觉中心主义的危机》中指出，当时的法国思想界正在广泛兴起一种对"所谓'视觉中心主义'之罪的严厉谴责"[13]。虽然马丁·杰在这篇文章中没有明确定义"视觉中心主义"这个概念，但他多次以"视觉优先性"（"visual primacy" or "the privileging of sight"）取而代之。他援引电影理论家克里斯蒂安·麦茨（Christian Metz）的观点，后者认为一个给定的"视觉体制"在一个特定的时代拥有霸权。[14]在 1993 年出版的著作《低垂之眼：20 世纪法国思想对视觉的贬损》中，马丁·杰进一步发展了这一观点，并考察了从柏拉图、笛卡尔，以及现代欧洲哲学，认为他们的思想建立在一种对视觉的极端重视的基础上，这种视觉中心主义"不仅仅是一种知觉体验，也是一种文化借喻"[15]。另外，让·鲍德里亚（Jean Baudrillard）在《美学的自杀——真实和始源性：关于建筑的未来》中认为："视觉霸权统治是一种透明独裁，在这种透明独裁中，每一事物都使自己可见、可理解，其全部目标就是打造出心理空间和视觉空间，因此这里的空间不再是一种看的（seeing）视觉空间，而是一种展示（showing）空间、特制的被看（making seen）空间。"[16]

其次，乔纳森·克拉里的研究指出，大量对视觉与视觉化的理论化尝试总会涉及一种强调连续性、支配性的西方传统视觉模型，而这种思辨性或观看性的传统视觉观贯穿了"从柏拉图至今，或者从文艺复兴初期（Quattrocento）进入20世纪以来的任何时期，或许至今依然行之有效"[17]。由此可见，有关西方文化视觉优先的理论研究都会回溯到柏拉图的思想，他和亚里士多德[18]的感官等级制被认为确立了西方哲学的视觉中心主义传统。一个典型的例证是，柏拉图的《蒂迈欧篇》将视觉看作具有理性探索的器官："视觉是给我们带来最大福气的通道。如果我们没有见过星星、太阳、天空，那么，我们前面关于宇宙的说法一个字也说不出来。但是，我们看见了昼夜、月份、年份，从而有了数和时间的概念，以及研究宇宙的能力。于是我们就开始有哲学。"[19]

实际上，最初的西方文化并不是一种视觉文化，而是一种听觉文化。在荷马笔下的贵族群里，听觉是头等重要的。视觉的优先地位最初出现于公元前5世纪初叶的希腊。[20]赫拉克利特就曾宣称："眼睛是比耳朵更可靠的见证。"[21]进而言之，它主要集中在哲学、科学和艺术领域。根据鲍桑葵《美学史》的分析："希腊人的真正的审美分析只施及于希腊美中最形式的因素。关于它的激情，它对人的意义以及它那普通事物的风格则遭到非审美的批判界的非难，并且促使人们把全部艺术表现都归在名实不符的'模仿'名目下。"[22] 所以，眼睛的模仿行为成为统括一切艺术的审美范畴。

伴随着新柏拉图主义和中世纪的形而上学，文艺复兴时期艺术领域科学透视法的出现，笛卡尔"我思故我在"哲学的确立，以及开普勒以后的现代科学的兴盛（如望远镜、显微镜），甚至16世纪古腾堡的活字印刷革命，都在不断地加强视觉中心的地位。[23] 例如，中世纪基督教会的神学家圣·托马斯·阿奎那（St. Thomas Aquinas）提出"美属于形式因的范畴"，他认为"与美关系最密切的感官是视觉和听觉，都是与认识关系最密切的为理智服务的感官"。[24] 文艺复兴时期的艺术家和理论家阿尔贝蒂亦认为，眼睛作为快乐和荣誉的象征，是最有力、最迅速并且最有价值的，它"是第一位首要的王，如同人的身体之神，不然为什么古人认为上帝是类似于眼睛的存在，能够看见一切，并对每个独立事物进行区分"[25]。达·芬奇也指出，眼睛是"最高贵的感官"，也是"知解力用来最完满最大量地欣赏自然的无限的作品的主要工具"。[26] 他把眼睛比作"心灵的窗子"，这种比喻就依托于同时代的透视法。达·芬奇在笔记中曾描述："透视学是一种合理的论证。经验借重这种论证肯定一切物体都循着锥形的线将它们的形象传入眼睛。所谓的锥形线，我的意思是指那些从物体表面的边界出发，逐渐会聚并经过一段距离后会集在同一点的线条。我将指出在这特殊的情况下，上述点的位置在眼睛（一切物体的绝对的裁判）内部。"[27] 按照马丁·杰的说法，笛卡尔也像一位热衷于透视法的画家一样透过一个摄影框架去构建被观察的世界。在早期著作《屈光学》中，笛卡尔十分肯定视觉和望远镜发明的重要性："我们所有生活行为都依赖于我们的感觉，而在诸感觉中视觉是最全面的（comprehensive）和最高贵的。""很难找到有任何发明能像杰出的望远镜的发明一样扩展我们的视力，望远镜的发明虽然只有很短一段时间，就已经发现了太空中的很多新星，以及地球之上的其他新物体。"[28] 所以，马丁·杰在《现代性的视觉政体》中还提出"笛卡尔透视法"的说法，因为他认为被现代时期主导的视觉模式等同于文艺复兴时期视觉艺术上的透视观念和哲学上的笛卡尔主观理性主义。[29]

另一方面，从"美学"（Aesthetica）来看，这一概念最初来自鲍姆嘉通（A. G. Baumgarten）的博士学位论文《关于诗的哲学沉思录》。鲍姆嘉通将其视作与"研究高级认识方式的科学"相对的"研究低级认识方式的科学"，[30] 如伊格尔顿所言"德国哲学家亚历山大·鲍姆嘉通最初构想它的时候，这个词首先指的不是艺术，而是如希腊感性所暗含的，指人类感知和感觉的整个领域，与更单一的概念思维领域形成对比"[31]。但是在康德的《判断力批判》中，"当我们觉知一定对象的表象时，这表象中合目的性的单纯形式，那个我们判定为不依赖概念而具有普遍传达性的愉快，就构成鉴赏判断的规定依据"[32]。在康德看来，"人要用自己眼睛来看那对象"，"如果说一个对象是美的，以此来证明我有鉴赏力，关键是系于我自己心里从这个表现看出什么来，而不是系于这事物的存在"。[33] 同样，黑格尔在他的《美学》中对视觉在审美活动中的"认识性"功能也予以充分肯定，他认为触觉、味觉、嗅觉均不是艺术欣赏的器官，而"视觉却不然，它和对象的关系是用光作媒介而产生的一种纯粹认识性的关系，而光仿佛是一种非物质的物质，也让对象保持它的独立自由，光照耀着事物，使事物显现出来"[34]。

因此，可以说在西方传统哲学中，形式始终是第一位的，而与形式相对应的视觉也因此占据主导地位。引用丹尼尔·贝尔（Daniel Bell）的论断："目前居'主宰'地位的是视觉观念。声音和影像，尤其是后者，组成了美学，统率了观众……然而当代生活中有两个突出的方面必须强调视觉成分。其一，现代世界是一个城市世界。大城市生活和限定刺激与社交能力的方式，为人们看见和想看见（不是读到和听见）事物提供了大量优越的机会。其二，就是当代倾向的性质，它包含渴望行动〔与观照相反〕、追求新奇、贪图轰动。而最能满足哲学迫切欲望的莫过于艺术中的视觉成分了。"[35] 由此，我们就能够理解视觉在历史上为何同样也主宰了西方博物馆与展览设计领域。正是反对西方博物馆历史上这种视觉中心主义倾向，许多博物馆研究者强调博物馆陈列应从单感官到多感官转变。[36] 例如，大卫·霍威斯（David Howes）曾提出"博物馆作为感官场域"[37] 这一说法。尤哈尼·帕拉斯马（Juhani Pallasmaa）也曾指出，理想的博物馆应该吸引、强化观众的感知，使观众的感官更为敏锐。[38] 另外，荷兰学者马里·布凯（Mary Bouquet）的研究还曾以泰勒美术馆为例，比较实体博物馆参观和线上博物馆参观的差别，提出这样一种观点：博物馆网站提供免费的音频导览，并由游客带到博物馆，如果没有图录，可能会被视为一种视觉剥夺，也可能是一种对博物馆参观的积极刺激，这取决于观众怎么看。[39] 在这种"感知转向"中，笔者认为数字技术为博物馆探索非视觉感知提供了多种可能性，它挑战了视觉在博物馆历史中的重要地位。

二、数字化展示：从单感官到多感官

（一）具身感知：观众的参与

何谓数字博物馆？程文凯曾在《千里之行始于足下——从美术馆数字化建设到数字美术馆》中对其做过界定："数字美术馆是运用数字、网络技术，将现实存在的实体美术馆的职能以数字化方式完整地实现于网络上的美术馆。具体来说，就是采用国际互联网与机构内部信息网信息构架，将传统美术馆的业务工作与计算机网络上的活动紧密结合起来，构筑美术馆大环境所需要的信息传播交换的桥梁，使实体美术馆的职能得以充分实现。"[40] 单霁翔进一步明确，数字博物馆"具有信息实体虚拟化、信息资源数字化、信息传递网络化、信息利用共享化、信息提供智能化、信息展示多样化等特点"[41]。

郑霞在《数字博物馆研究》中系统梳理了数字博物馆发展的几个阶段：数字典藏阶段、依靠虚拟现实技术运用的建设阶段以及多元发展的阶段。第一个阶段可以看作数字博物馆的前身，其视觉呈现主要以图文的形式出现，视觉及形象均处于语言叙事的附属地位。她指出："1990

年，美国国会图书馆启动'美国记忆'计划，该计划包含图书馆内的美国历史、照片、声音、影像等，详尽地反映了美国的历史文化和艺术，并将这些内容编辑成了系列的专题作品。"[42]与此同时，国内博物馆的数字化建设亦随之展开。1999年，敦煌莫高窟的壁画、彩塑以及相关的文物，借助数字化技术得到实地测量与拍摄，进而对其进行编目和数字化录入，建立了资源数据库。数字技术和数字典藏的发展拓宽了博物馆的发展路径，同时也为数字博物馆的建设与发展奠定了基础。

随着AR、VR技术的发展及其在博物馆领域的应用，数字博物馆进入新的发展阶段，由传统的平面视觉转变为立体的虚拟数字化平台。卢浮宫在2004年将3.5万件馆藏和13件库藏整理为电子资源并放置在官网上，为观众提供三维数字化虚拟参观服务。"卢浮宫馆长更是提出要努力成为世界上拥有最完备教育功能的数字博物馆，提供多种语言版本的3D虚拟参观项目。"[43]2000年，故宫博物院开展"故宫文化遗产数字化应用研究"。2001年，故宫数字博物馆网站开通，并建立数据库，包括"故宫博物院概说""藏品精粹"等14个板块，这标志着我国真正意义上数字博物馆的诞生。

经过几十年的发展，数字博物馆已经形成了自身独特的组织结构。虚拟现实技术、图文音频多重展示为其传播与观看方式提供了新的途径，从传统的藏品数字化到虚拟现实建设阶段，公众观看的视觉结构得到了进一步完善，也促进了数字博物馆的视觉体制建构。

当下，数字技术正不断地重塑着博物馆的形态，也重塑了观众的参观行为。这种利用视觉、听觉等复合材料建立"参加型"博物馆的观念，可以追溯到 1968 年美国科罗拉多大学的物理学教授弗兰克发表的论文《科学博物馆的原理》。他指出，在媒介时代，科学博物馆应该为儿童提供一个可以参与、主动发现问题的环境，使儿童通过视觉、听觉、触觉等多感官的知觉体验、学习知识并了解和认识世界。[44] 20 世纪 70 年代早期，迈伦·克鲁格提出，观众在"交互的环境"中视自身为程序化存在共同体的一部分。[45] 而新媒体艺术理论家罗伊·阿斯科特（Roy Ascott）在他的研究中也先后提出一些观点，如在《艺术和远程通信：走向意识网络》（1984）中提出"'艺术作品'观察者在进入系统时也是一个参与者，可以改变艺术作品"[46]；在《技术心智戏剧：人工生命戏剧艺术中的表演与法令》（1998）中提出"虽然提前提供了环境，但内容完全是由观众与出现场景中人工的生活元素交互作用创造出来"[47]；在《生物光子流：在虚拟现实与植物现实间搭建桥梁》（2003）中指出"艺术家将内容的创作留给作品的用户，而致力于创造情境、多重情境，从欣赏者的互动中寻找那些能最好引导新意义、新图像、新结构出现的情境"[48]。近来的研究还有：莎伦·丹尼尔指出"这样的系统借用观看者的身体来驱动系统"[49]。泰拉诺瓦（Terranova）同样认为，"这些技术通过一个非常私密的、与身体接触的触觉界面实现"[50]。杰伦·拉尼尔（Jaron Lanier）也提出，"可以游览的虚拟世界不如用户的身体重要"[51]。从这些理论与观点来看，艺术作品作为个人特殊的观察（沉思）的审美对象的传统观点受到了挑战。数字技术把艺术作品转换为一个动态的环境，而观众的参与在这样动态的环境中也越发凸显其重要性。同样，在博物馆研究领域，荷兰博物馆学家彼得·范·蒙施（Peter van Mensch）在讨论博物馆行业的第三次革命时也曾指出："我们正在经历这次革命，正在见证又一新样式的出现。虽然我们还没对它正式命名，但其关键词就是'参与'。"[52] 正如尼古拉·尼葛洛庞蒂（Nicholas Negroponte）的观点："我们已经进入了一个艺术表现方式得以更生动和更具参与性的新时代，我们将有机会以截然不同的方式，来传播和体验丰富的感官信号。"[53] 由此引发这样的问题，即在博物馆的数字化展示空间中，审美如何与观众的具身感知相联系？

（二）多感官感知：观众与感官刺激的交互

博物馆学产生于 18 世纪，经过几个世纪的磨砺与时代技术的变化与发展，逐渐建立了自身的理论体系，并与相关的学科交叉、融合而产生了博物馆保管学、博物馆分类学、博物馆传播学、博物馆社会学等一系列子学科，而大量的实践积累也推动了博物馆陈列设计的思想与理论更新。

我国最早提出建立"陈列学"的人是科学家钱学森，他在 1978 年全国科技大会上从学科建设层面提出这一设想。1982 年中国博物馆学会在北京成立，1984 年宁波召开"博物馆陈列形式设计研讨会"，主要关注中国博物馆陈列中的一系列重大实践与理论问题，并成立"陈列艺术委员会"，系中国博物馆学会下属单位，堪称中国最重要的博物馆陈列设计专门研究机构，在创设之初不断指导全国的博物馆陈列工作、召开各种专业培训班。至此，博物馆陈列设计学被凸显出来。[54]

20 世纪下半叶，伴随着信息社会理论的发展，西方学界将博物馆定位为信息的载体与传播机构。有专家指出"陈列展览是一种人为的建构"[55]。即博物馆陈列设计师可以根据某种策略采用相应的陈列手段与方法，因此出现了主题展示法（Thematic Exhibition）这一概念。英国博物馆设计师玛格丽特·霍尔（Margaret Hall）在《展览论——博物馆展览的21 个问题》一书中最早提出两种主要的陈列策略，即"主题性的策略和分类性的策略"[56]。主题性的方式如同讲述故事，观众被引导并跟随展览专题前行。英国博物馆陈列专家迈克尔·杉克斯（Michael Shanks）和克里斯托佛·泰利（Christopher Tiller）根据霍尔的分类法进一步划分出两种不同的形式：主题性策略可以按叙述性和情境性分类，分类性策略可以按实物性和审美性分类。也就是说，主题性陈列策略可以按照线性的叙述方式，或者建立一种情景的方式来设计，陈列中的展品拥有多种可能性的安排与组织形式；而分类性策略中，展品可以按类型、展品之间的逻辑关系、审美关系来区分，不过这种方式不像主题性那样通俗易懂，需要观众具备一定的相关的知识。这类展览需要精细的内容策划设计。结合造型艺术与多媒体等信息传播装置，博物馆不再满足于向观众传授知识、展示藏品，而希望向观众传播特定的信息、价值、主题，甚至产生观念上的影响。

借助科技的不断发展进步，博物馆逐渐实现了资源的整合与形式转化。虽然目前大部分数字博物馆的中心仍然集中在实物藏品数字化、网络资源共享及数字化信息的应用中，但是，围绕知识建构、社会关系、可视性、假设与想象等一系列数字博物馆研究，以及"新博物馆学"思潮的兴起，推动了数字博物馆观念的更新，关注重点开始从传统的"物"转向"人"。

现有数字博物馆的发展理念可以划分为四个阶段：（1）展现，单纯扩展藏品本体的展示空间和时间，是对博物馆实体藏品的展陈方式的有效补充。（2）重构，从如实展现藏品本体，转移到虚拟再现业已消失或发生演变的藏品实体上来。（3）替代，通过数字化手段还原历史场景、人物、事件的面貌，使受众在"真实"的历史场景中理解传统文化的形成与演变。（4）再藏，通过网络和信息技术手段，围绕不同主题，整合、重组、再造数字空间的数字藏品馆际收藏，突破实体博物馆在藏品收藏方面的局限性。[57]

而本文则主要关注博物馆数字化展示的三种呈现形态：（1）依附实体博物馆的数字化展示，如在故宫博物院端门数字馆的"冯承素摹兰亭序"数字交互展示项目，观众可以选择"拾起觞杯"进行创作，也可以拿起"数字毛笔"，体验冯承素摹本所采用的"双勾填墨"。（2）基于电脑端的数字化展示，如在故宫博物院的官方网站，在景仁宫展出的"御瓷新见——景德镇明代御窑遗址出土与故宫博物院藏传世瓷器对比展"同步线上展览。（3）基于移动终端设备的数字化展示，如"故宫陶瓷馆"APP通过时间轴串联文华殿陶瓷馆在陈的全部藏品，并结合文献资料呈现展品：观众可以旋转屏幕，横向观看时间轴，扩指展开时间轴，左右滑动时间轴，点击藏品了解相关信息，部分藏品还可以水平360度旋转观看。

从此可以看出，博物馆应用数字技术不仅能够使观众使用设备与藏品进行互动，而且使观众从单一的视觉审美体验伸向多感官领域的发展趋势。另外，在新媒体艺术研究领域，阿斯科特在《星球协同组织：后生物时代的艺术与教育》中把沉浸性、连接性、交互性、转变性、涌现性界定为新媒体艺术的特征。而交互性、沉浸性、想象性则被认为是由计算机技术支持下发展起来的虚拟现实的特点。[58] 因此，这里从沉浸维度分析艺术品与观众在博物馆数字化展示空间的关系，并讨论其相较于传统博物馆陈列的新审美体验。

三、新的审美体验：从精神沉浸到具身沉浸

"沉浸"在新媒体艺术研究中被视为重要范畴，它被追溯到早期的洞穴壁画。[59] 奥利弗·格劳（Oliver Grau）在《虚拟艺术》则以"幻觉"和"沉浸"为线索，从创作于公元前 6 世纪的庞贝的祭礼壁画开始，到 19 世纪的全景画、20 世纪的立体电影等，追溯其在传统艺术的实践，进而与今天的新媒体艺术进行比较研究。在这里，奥利弗·格劳关注的是"将观众置身于封闭的图像虚幻空间"的虚拟装置。他认为，庞贝祭礼壁画的"这种虚拟现实把观者同其他印象隔离开来，使他在视觉领域中完全处于一个空间和当下的幻觉环境的包围中"。[60] 他举例 1838 年由查尔斯·惠特斯通发明的立体眼镜，一种可以产生全景式幻觉并隔绝环境干扰的小型设备。而立体电影院在谢尔盖·爱森斯坦看来，则"可以将观众集中地卷

入到屏幕的画面中，并以某种再也不可能更为真实的方式吞噬观众，这一效果胜过屏幕和以前任何一种传播媒介"[61]。同一时期，莫顿·海利希（Morton Heilig）也设想一种未来影院，它将为用户提供包括味觉、嗅觉和触觉的各种感官的幻觉体验。如果将电影扩展到不只涉及视、听也涉及味、触等感觉通道，就可消除电影与戏剧传统的"第四堵墙"，使观众迁移到一个可居住的虚拟世界。这被海利希称为"体验戏剧"[62]。1965 年，伊凡·萨瑟兰（Ivan Sutherland）曾提出关于"终极电脑显示器"的设想，把计算机显示器作为通往虚拟世界的窗口，"通过这个窗口，人们可以看到一个虚拟的世界，富有挑战性的工作是怎样使那个虚拟世界看起来更加真实，在其中行动真实，听起来真实，感觉就像真实世界一样"[63]。当然，这种设想在今天的数字技术条件下已经实现，而且走得更远。但这也恰恰说明沉浸性环境及其相关技术具有悠久的历史。

同样在理论上，研究者对沉浸性和数字技术的关系也有丰富的探讨。例如，迈克尔·海姆（Michael Heim）从瓦格纳的《帕西法尔》来讨论虚拟实在的神秘本质，并认为："这位神话的制造者创造了一个反实在（counterreality），一个使人联想到天主教会主持的庄严肃穆的弥撒，这种场合调动人的所有感官：视觉的、听觉的、触觉的、情节的，甚或还有香和蜡烛的嗅觉的。拜罗伊特的听众便是探求的香客，沉浸在一种人工实在之中。"[64] 而阿斯科特在《双重观看：艺术与卓越的技术》中指出："沉浸于一种受控的环境中，分布地影响着视觉、触觉、味觉、嗅觉以及听觉，讨论头脑心灵和能力同样引发和创造新概念与感官结构（哲学术语是：新的'感受性'），同时也赋予其自由，避开视觉经验，回到寻常的经验领域，在某种程度上映射了我们在赛博空间的艺术抱负。"[65] 这两种观点都强调沉浸性环境要充分调动人类的所有感觉通道。所以海姆认为，"虚拟实在意味着在一个虚拟环境中的感官沉浸"，并提出"全身沉浸"[66]这一观念。按照杰伦·拉尼尔对 VR 的定义，"21 世纪的一种艺术形式，将电影、爵士乐和编程这三种 20 世纪伟大的艺术结合在一起"[67]。虚拟现实（VR）利用电脑模拟产生一个三维空间的虚拟场景，提供使用者关于视觉、听觉、触觉等感官的模拟。那么，这种由 VR 创建的沉浸感的确不同于早期洞穴壁画所带来的某种精神沉浸。在《湿性情境》中，阿斯科特以生物技术来比拟数字技术所带来的沉浸感，他认为"那种微妙亲密关系的直接心灵对心灵的体验，已经被沉溺于奇观、仅仅关注特技效果破坏了"。进一步，阿斯科特指出了这种体验被破坏的原因："我想博物馆应承担部分罪责。在匆忙地呈现出现代和时髦时，只是简单地重新装备了连续的白立方画廊的分区，沿着墙设置了更多的电力点，仿佛交互式艺术适当装配的所有需要就是墙上有更多的插座，降低亮度露出屏幕。因此这些一对一互动装置的用户仅仅成了其他路过的观众可以观看的奇观表演的一部分。"[68] 那么我们继续追问的话，沉浸感在博物馆中如何实现？它是否具有新的审美体验？

目前，博物馆主要借助 VR 眼镜、头盔、数据手套和数据衣等交互技术，建立直观、自然的人机交互环境；利用立体声耳机或全景声系统，达到听觉上的沉浸；通过力反馈装置和气味系统模拟触觉、嗅觉上的真实感。而在叙事方面，殷曼梼曾总结我国国有博物馆在叙事范式上的三个阶段，即文字叙事、形象叙事、景观叙事，并指出景观叙事以多媒体展厅与场景模拟复原展厅两种形式为主。[69] 各类数字技术的发展已成为博物馆叙事的主要途径，它拓展了对过去的诠释和呈现，也使得原本安静的展厅转变为鼓励参与性和意义建构的互动空间。以 2018 年 5 月在故宫博物院箭亭广场举办的"清明上河图 3.0"互动艺术展演为例，观众的"交互性"叙事强化了"沉浸式"叙事方式。它将叙事主题与博物馆空间展示融为一体，还原历史情境，使得观众可以在各个环节以第一人称视角了解北宋都城汴京的生活。因此可以说："你不再是面对远方的一幅图像，而是走进画面，借助耳机和数据手套，可以在图像的虚拟世界中往返自如，就像在真实世界中一样。"[70] 在此意义上，观众也被理解为"旅者"[71]，他们可以自由地游走于作品内外，以新的方式构建新的文本空间。根据德勒兹的观点，博物馆利用各类数字技术所提供的沉浸性环境也可以理解成一个"游牧空间"。但是对于全景画所构造的沉浸性环境而言，观众必须在观看台寻找一个特定的位置才可以完全自由地沉浸在图像世界之中，也就是德勒兹所说的"条纹空间"。它是一种空间的囚禁、边界的设定与能指的霸权。由此说明，博物馆利用各类数字技术所构建的沉浸性环境的确不同于此前较早的沉浸媒介（如洞穴壁画、全景画）所构建的沉浸性环境，这类数字技术把社会语境或历史语境整合进作品本身，不仅具有非物质性和交互性，而且可以被大量观众在不同位置观看或体验。这也是当代博物馆所实现的沉浸感具有的新的审美体验。

四、余论与反思

今天我们是以技术设计和电子传媒在强化身体，同时我们的身体本身亦是媒体，身体的感觉不断进行信息的传递。没有身体的参与，就没有智能经验；没有身体，就没有电子经验。[72] 这在当下数字博物馆的体验上尤为明显，当我们在虚拟现实中旅行了三个小时回到日常生活，一开始生理上会有诸多不适，说明身体一直参与这场旅行。或者通过键盘、鼠标、手套、头盔、VR 眼镜、麦克风和耳机等浏览数字博物馆，所有这些工具都能让我们意识到我们身体与设备之间的客观作用的存在。迈克尔·海姆在论述虚拟实在的本质时指出："身体的自由运动则成为计算机阅读的文本。摄像机跟踪着人体，而计算机把人体运动合成到人工环境中去。"[73] 玛丽娜·格兹尼克也指出，技术能使观看者的身体变为一处具有各种景观和视图的地点。[74] 如果借用梅洛-庞蒂的一段论述："我们作为自然人置身于自然和事物之中，置身于自身和他人之中，以至于通过某种交织，我们变成了他人，我们变成了世界"[75]，那我们就能够理解身体何以成为美学的体验对象，使得博物馆叙事依赖于环境，取决于身体。从现象学的角度来看，梅洛-庞蒂对身体的思考启发我们理解身体在博物馆数字化展示空间的重要意义。梅洛-庞蒂认为，身体经验对于艺术尤为重要，他甚至认为绘画不以虚无的"心灵"为起点，而是从身体与世界的直接接触开始。梅洛-庞蒂在《眼与心》中借瓦莱里提出，"画家'提供他的身体'"，并补充，"人们也不明白一个心灵何以能够画画。正是通过把他的身体借给世界，画家才把世界变成了画"。[76] 这种关于身体与绘画关系的看法显然不同于"笛卡尔透视法"。借助于塞尚等人的艺术思考，梅洛 - 庞蒂力图重新安排"自然倾向"和"自然之光"在笛卡尔思想中的秩序，并因此恢复被抽象的理智掩盖的感性丰富性。在梅洛 - 庞蒂看来，"思想不是依据自身，而是依据身体来思考"[77]。这也是利奥塔在 20 世纪后期所表明的立场。利奥塔曾经提出，谁能够脱离身体来思想？[78] 但是同时我们还需要反思的是，在博物馆数字化展示空间，观众是积极地参与互动，还是被动地被系统所控制？博物馆的参观行为可以通过电脑屏幕、手机屏幕、立体眼镜、头盔进入各种界面，这在魏瑞里奥看来是一幅悲观的图景：个体的命运在某种程度上被接收器、传感器和其他远距离勘测器控制。[79] 正如凯利（Kelly）指出的："给予参与观众的表面上的自主通常是一个虚假的面具，仅仅是数字技术能提供的更多多样性的产物，但仍然是通过一套密闭的规定材料严格限制的路径。"[80]

最后，我们还可以从鲍德里亚的观点来审视博物馆通过数字展示和造成的影响究竟意味着什么？鲍德里亚认为，美术馆化的图像生产和收藏已经把艺术变成某种程度的"文化的静电复制"。他在《濒临消亡的艺术》中指出："这就是我们的主导文化：现实的博物馆学再生产的庞大企业，围绕在我们周围的所有形式的审美收藏、再仿拟和审美复制的庞大企业。这就是最大的威胁。"[81] 而在《美学的自杀——真实和始源性：关于建筑的未来》中，他还指出观众被"吸进了一个作为世界文化和商业中心的巨大的交互的仓储空间"[82]。显然，鲍德里亚继承了波德莱尔关于艺术商品化和物化趋势的判断，他强调艺术与现实融为一体，所以传统的审美价值或艺术价值已不复存在。虽然鲍德里亚讨论的是建筑的克隆现象，但对于我们反思今天数字博物馆和图像增殖现象仍有参照性。

在鲍德里亚看来，"虚拟建筑是一种不再有任何秘密的建筑，只是视野中一种运算符（operator）、一种屏幕建筑（screen-architecture）"[83]。如果把这种观点扩展到我们所关注的数字博物馆领域，那么我们在各类网站、各类移动端 APP，通过点击鼠标、VR 眼镜进入各种虚拟展厅，不也是一种建在网络意象和虚拟现实里的透明的、流动的和游戏的建筑的激增吗？根据威廉·弗卢塞尔（Vilém Flusser）的假设，当今绝大多数照片只是展示了照相机的技术智能，这种设备在人的控制中，其潜能被发挥到了极致。所以鲍德里亚认为："思想在很大程度上只不过是一种软件组合程序、机械虚拟和无限的操作过程。"[84] 同样，弗兰克·巴奥卡（Frank Biocca）也认为："虚拟现实在我们面前展现为一种媒体未来的景观，它改变了我们交流的方式，改变了我们有关交流的思考方式。"[85] 如果大量的数据以及用以捕捉文化类艺术品的数字技术改变了我们对文化的感知，那么博物馆通过数字展示是拉近我们与藏品的距离，还是进一步隔离虚拟背后的"物"？

按照鲍德里亚的思路，随着数字技术的发展，虚拟时代的到来，我们生活在一个仿真的世界里，"符号的最大功能就是使现实消失，并且以同样的表征隐藏自己的消失"[86]。也就是说，仿真在技术的支持下已经达到与现实无关的地步，虚构的现实已经严重干扰我们对真实世界的直接判断和理解。更进一步说："虚拟使我们进入到图像，在三维世界里重建了一个真实图像（同时给真实添加了一种第四维度，使之超真实）……它唯一的目的就是通过复制加倍来滥用和消除现实。"[87] 同理，如果我们只通过 PC 端、移动端、VR 眼镜等各种技术设备来参观博物馆，那么原作对我们来说意味着什么？如果在仿真的水平线上，真实世界消失了，那么原作也会消失吗？用鲍德里亚的话说，"每一个图像背后，某物已经消亡"[88]，也就是"无物可视的图像"[89]。因此，我们必须设法去阻止这种普遍的审美化和压在我们身上的这种文化智性。

注释

1　苏东海：《博物馆演变史纲》，《中国博物馆》1988年第1期。

2　苏东海：《博物馆演变史纲》，《中国博物馆》1988年第1期。

3　严建强：《博物馆与观众——介绍肯尼思·赫德森的〈博物馆社会史〉》，《中国博物馆》1987年第1期。

4　参见苏东海《博物馆演变史纲》，《中国博物馆》1988年第1期。

5　苏东海：《博物馆演变史纲》，《中国博物馆》1988年第1期。

6　[美]妮娜·莱文特、阿尔瓦罗·帕斯夸尔-利昂主编：《多感知博物馆：触摸、声音、嗅味、空间与记忆的跨学科视野》，王思怡、陈蒙琪译，浙江大学出版社2020年版，第193页。

7　参见[美]乔伊·莫妮卡·弗兰克·沃德瓦尔卡《为活态技艺服务的建筑设计》，载[美]妮娜·莱文特、阿尔瓦罗·帕斯夸尔-利昂主编《多感知博物馆：触摸、声音、嗅味、空间与记忆的跨学科视野》，王思怡、陈蒙琪译，浙江大学出版社2020年版，第204页。

8　转引自[美]妮娜·莱文特、阿尔瓦罗·帕斯夸尔-利昂主编《多感知博物馆：触摸、声音、嗅味、空间与记忆的跨学科视野》，王思怡、陈蒙琪译，浙江大学出版社2020年版，第203—204页。

9　参见周宪主编《视觉文化读本》，南京大学出版社2013年版，第407—408页。

10　转引自[美]妮娜·莱文特、阿尔瓦罗·帕斯夸尔-利昂主编《多感知博物馆：触摸、声音、嗅味、空间与记忆的跨学科视野》，王思怡、陈蒙琪译，浙江大学出版社2020年版，第234页。

11　参见周宪主编《视觉文化读本》，南京大学出版社2013年版，第405页。

12　参见宋旭红《视觉中心主义何以可能？——论西方视觉中心主义在中世纪的确立》，载高建平主编《中外文论》（2016年第2期），中国社会科学出版社2016年版。

13　转引自宋旭红《视觉中心主义何以可能？——论西方视觉中心主义在中世纪的确立》，载高建平主编《中外文论》（2016年第2期），中国社会科学出版社2016年版。

14　参见[英]尼古拉斯·米尔佐夫《论视觉性》，于嵩昕译，载孟建主编《视觉文化传播的嬗变与前瞻：复旦大学国家文化创新研究中心研究专辑（第1辑）》，南京师范大学出版社2017年版，第7—31页。

15　转引自陶锋《反视觉中心主义：后现代主义视阈中的培根艺术》，《南京艺术学院学报（美术与设计）》2015年第6期。

16　[法]让·鲍德里亚:《美学的自杀 ——真实和始源性:关于建筑的未来》,万书元译,《艺苑》2015年第6期。

17　[美]乔纳森·克拉里:《从视觉到视觉性》,田亦洲译,载[美]弗雷德里克·詹姆逊等著,李洋主编《电影的魔幻现实主义:英美电影文选》,河南大学出版社2017年版,第9页。

18　亚里士多德在《形而上学》中指出:"求知是人类的本性。我们乐于使用我们的感觉就是一个说明;即使并无实用,人们总爱好感觉,而在诸感觉中,尤重视觉。无论我们将有所作为,或竟是无所作为,较之其它感觉,我们都特爱观看。理由是:能使我们认知事物,并显明事物之间的许多差别,此于五官之中,以得益于视觉者为多。"[古希腊]亚里士多德:《形而上学》,吴寿彭译,商务印书馆1983年版,第1页。

19　[古希腊]柏拉图:《蒂迈欧篇》,谢文郁译,上海人民出版社2005年版,第32页。

20　参见[德]沃尔夫冈·韦尔施《重构美学》,陆扬、张岩冰译,上海译文出版社2006年版,第176—177页。

21　屈万山主编,王乾都等撰:《〈赫拉克利特著作残篇〉评注》,陕西师范大学出版社1987年版,第116页。

22　[英]鲍桑葵:《美学史》,张今译,商务印书馆1985年版,第22页。

23　参见[德]沃尔夫冈·韦尔施《重构美学》,陆扬、张岩冰译,上海译文出版社2006年版,第178页。

24　朱光潜:《西方美学史》,金城出版社2010年版,第87—89页。

25　刘艳:《有双翼的眼睛:阿尔贝蒂认知模式下的视觉艺术之观》,《新美术》2019年第12期。

26　伍蠡甫等编:《西方文论选(上卷)》,上海译文出版社1988年版,第175—176页。

27　[意]列奥纳多·达·芬奇:《芬奇论绘画》,戴勉编译,人民美术出版社1980年版,第58页。

28　转引自高秉江《现象学视域下的视觉中心主义》,华中师范大学出版社2013年版,第85页。

29　参见周宪主编《视觉文化读本》,南京大学出版社2013年版,第250页。

30　复旦大学中文系文艺理论教研组编:《形象思维问题参考资料》,上海文艺出版社1979年版，第91页。

31　[美]马格·乐芙乔依等主编：《语境提供者：媒体艺术含义之条件》，任爱凡译，金城出版社2012年版，第97页。

32　[德]康德：《判断力批判》，宗白华译，商务印书馆2009年版，第53页。

33　[德]康德：《判断力批判》，宗白华译，商务印书馆2009年版，第47、33页。

34　[德]黑格尔：《美学》（第三卷），朱光潜译，重庆出版社2018年版，第10—11页。

35　[美]丹尼尔·贝尔：《资本主义的文化矛盾》，赵一凡等译，台湾桂冠图书股份有限公司1989年版，第154页。

36　参见[美]妮娜·莱文特、阿尔瓦罗·帕斯夸尔-利昂主编《多感知博物馆：触摸、声音、嗅味、空间与记忆的跨学科视野》，王思怡、陈蒙琪译，浙江大学出版社2020年版，第285—287页。

37　[美]大卫·霍威斯：《美学的秘密在于感官共轭：重塑感官博物馆》，载[美]妮娜·莱文特、阿尔瓦罗·帕斯夸尔-利昂主编《多感知博物馆：触摸、声音、嗅味、空间与记忆的跨学科视野》，王思怡、陈蒙琪译，浙江大学出版社2020年版，第234页。

38　参见[美]尤哈尼·帕拉斯马：《作为具身体验的博物馆》，载[美]妮娜·莱文特、阿尔瓦罗·帕斯夸尔-利昂主编《多感知博物馆：触摸、声音、嗅味、空间与记忆的跨学科视野》，王思怡、陈蒙琪译，浙江大学出版社2020年版，第194页。

39　Mary Bouquet, *Museums A Visual Anthropology*, London: 50 Bedford Square; New York: 175 Fifth Avenue, p.14.

40　程文凯：《千里之行始于足下——从美术馆数字化建设到数字美术馆》，《中国美术馆》2011年第6期。

41　单霁翔：《从"馆舍天地"走向"大千世界"——关于广义博物馆的思考》，天津大学出版社2011年版，第420页。

42　郑霞：《数字博物馆研究》，浙江大学出版社2016年版，第36页。

43　郑奕：《博物馆教育活动研究》，复旦大学出版社2018年版，第166页。

44　参见陈玲《新媒体艺术史纲：走向整合的旅程》，清华大学出版社2007年版，第293页。

45　参见[美]奥利弗·格劳《虚拟艺术》，陈玲主译，清华大学出版社

2007年版，第123—124页。

46 ［英］罗伊·阿斯科特著，袁小潆编：《未来就是现在：艺术，技术和意识》，周凌、任爱凡译，金城出版社2012年版，第35页。

47 ［英］罗伊·阿斯科特著，袁小潆编：《未来就是现在：艺术，技术和意识》，周凌、任爱凡译，金城出版社2012年版，第125页。

48 ［英］罗伊·阿斯科特著，袁小潆编：《未来就是现在：艺术，技术和意识》，周凌、任爱凡译，金城出版社2012年版，第199页。

49 ［美］马格·乐芙乔依等主编：《语境提供者：媒体艺术含义之条件》，任爱凡译，金城出版社2012年版，第51页。

50 ［挪］安娜·路易莎·桑切斯·劳斯：《博物馆网站与社交媒体：参与性、可持续性、信任及多元化》，刘哲译，上海科技教育出版社2017年版，第11页。

51 ［美］杰伦·拉尼尔：《虚拟现实：万象的新开端》，赛迪研究院专家组译，中信出版社2018年版，第1页。

52 ［美］妮娜·西蒙：《参与式博物馆：迈入博物馆2.0时代》，喻翔译，浙江大学出版社2018年版，第1页。

53 ［美］尼古拉·尼葛洛庞蒂：《数字化生存》，胡冰、范海燕译，海南出版社1997年版，第262页。

54 参见周进《我国博物馆陈列设计思想发展研究》，博士学位论文，复旦大学，2015年，第3页。

55 国家文物局、中国博物馆学会编：《博物馆陈列艺术》，文物出版社1997年版，第318页。

56 ［英］玛格丽特·霍尔：《展览论——博物馆展览的21个问题》，环球启达翻译咨询有限公司译，北京燕山出版社2007年版，第27页。

57 参见陈刚《数字博物馆概念、特征及其发展模式探析》，《中国博物馆》2007年第3期。

58 参见黄鸣奋《增强现实与位置叙事：移动互联网时代的技术、幻术和艺术》，《中国文艺评论》2016年第6期。

59 参见黄鸣奋《新媒体与西方数码艺术理论》，学林出版社2009年版，第394页。

60 高名潞、陈小文主编：《数码艺术理论》，广西师范大学出版社2015年版，第85页。

61 ［德］奥利弗·格劳:《虚拟艺术》,陈玲主译,清华大学出版社2007年版,第114页。

62 黄鸣奋:《新媒体与西方数码艺术理论》,学林出版社2009年版,第395页。

63 陈玲:《新媒体艺术史纲:走向整合的旅程》,清华大学出版社2007年版,第166页。

64 ［德］迈克尔·海姆:《从界面到网络空间——虚拟实在的形而上学》,金吾伦、刘钢译,上海科技教育出版社1997年版,第129页。

65 ［英］罗伊·阿斯科特著,袁小潆编:《未来就是现在:艺术,技术和意识》,周凌、任爱凡译,金城出版社2012年版,第132页。

66 ［德］迈克尔·海姆:《从界面到网络空间——虚拟实在的形而上学》,金吾伦、刘钢译,上海科技教育出版社1997年版,第115页。

67 ［美］杰伦·拉尼尔:《虚拟现实:万象的新开端》,赛迪研究院专家组译,中信出版社2018年版,第XVI页。

68 ［英］罗伊·阿斯科特著,袁小潆编:《未来就是现在:艺术,技术和意识》,周凌、任爱凡译,金城出版社2012年版,第146页。

69 参见殷曼楟《论博物馆中的叙事范式转变及其可见性配置》,《文艺争鸣》2015年第12期。

70 ［德］沃尔夫冈·韦尔施:《重构美学》,陆扬、张岩冰译,上海译文出版社2006年版,第210页。

71 高名潞、陈小文:《数码艺术理论》,广西师范大学出版社2015年版,第64—83页。

72 参见［德］沃尔夫冈·韦尔施《重构美学》,陆扬、张岩冰译,上海译文出版社2006年版,第214—215页。

73 ［德］迈克尔·海姆:《从界面到网络空间——虚拟实在的形而上学》,金吾伦、刘钢译,上海科技教育出版社1997年版,第118页。

74 参见［美］马格·乐芙乔依等主编《语境提供者:媒体艺术含义之条件》,任爱凡译,金城山版社2012年版,第121页。

75 ［法］莫里斯·梅洛-庞蒂:《眼与心》,杨大春译,商务印书馆2007年版,第11页。

76 ［法］莫里斯·梅洛-庞蒂:《眼与心》,杨大春译,商务印书馆2007年版,第8页。

77 [法]莫里斯·梅洛-庞蒂:《眼与心》,杨大春译,商务印书馆2007年版,第63页。

78 参见[德]沃尔夫冈·韦尔施《重构美学》,陆扬、张岩冰译,上海译文出版社2006年版,第213页。

79 参见孟建、[德]Stefan Friedrich 主编《图像时代:视觉文化传播的理论诠释》,复旦大学出版社2005年版,第29页。

80 [美]马格·乐芙乔依等主编:《语境提供者:媒体艺术含义之条件》,任爱凡译,金城出版社2012年版,第51页。

81 周宪主编:《艺术理论基本文献·西方当代卷》,生活·读书·新知三联书店2014年版,第243页。

82 [法]让·鲍德里亚:《美学的自杀——真实和始源性:关于建筑的未来》,万书元译,《艺苑》2015年第6期。

83 [法]让·鲍德里亚:《美学的自杀——真实和始源性:关于建筑的未来》,万书元译,《艺苑》2015年第6期。

84 [法]让·鲍德里亚:《美学的自杀——真实和始源性:关于建筑的未来》,万书元译,《艺苑》2015年第6期。

85 周宪:《视觉文化的转向》,北京大学出版社2008年版,第163页。

86 [法]让·鲍德里亚:《美学幻觉与醒悟》,蒋文博译,《美术学报》2012年第3期。

87 [法]让·鲍德里亚:《美学幻觉与醒悟》,蒋文博译,《美术学报》2012年第3期。

88 周宪主编:《艺术理论基本文献·西方当代卷》,生活·读书·新知三联书店2014年版,第238—247页。

89 [法]让·鲍德里亚:《美学幻觉与醒悟》,蒋文博译,《美术学报》2012年第3期。

AR＋博物馆场景创新
——以"AR＋鲁迅故居场景实践"为例

　　如何从博物馆场景与演艺创作的题材、体裁、内容、形式创新，引导新兴文艺类型健康发展，推动博物馆场景的创新精神、创造活力充分涌流，进而以科学技术推动博物馆、纪念馆的文化艺术的形式创新、内容创新、模式创新、呈现方式创新，提升当前 AR＋博物馆场景创新效能与艺术表现力、感染力？结合笔者近年来参与策划和制作博物馆场景的实践，进一步促进戏剧、曲艺、民乐等传统艺术的发展，让博物馆中的优秀文化资源借助数字技术"活起来"。

　　目前，我国博物馆和纪念馆仍以传统的观赏为主，存在文化体验方式单一、核心文化内核和 IP 价值挖掘不够、文化科技融合不深、文化沉浸体验内容与服务供给不足、文化新业态模式匮乏等一系列突出问题。伴随数字技术的迭代升级，博物馆、纪念馆对虚实融合文化体验的需求日益强烈，同时对"AR + 实景"场景表现创新形式提出了新的要求。因此，"AR + 实景"博物馆场景表现形式的创新既是博物馆场景与传统演艺的变革升级，也是一种遵循博物馆场景与演艺规律的新艺术表达形式，对新时代博物馆场景创新与发展具有重要意义。

一、鲁迅故居简介及选材意义

鲁迅是我国现代思想解放的先驱，也是中国现代文学的奠基人、中国翻译文学的开拓者，其位于北京市西城区的旧居显然也具有独特的历史意义。这处居所位于北京市西城区阜成门内宫门口二条 19 号，由鲁迅 1924 年亲自设计并改建。在此居住期间，鲁迅先后完成了杂文集《华盖集》《华盖集续编》《坟》，散文诗集《野草》以及小说集《彷徨》等作品的写作，出版了《中国小说史略》《热风》等著作，同时还主持编辑了《语丝》《莽原》等杂志。有鉴于此，鲁迅故居先是被列为北京市文物保护单位，后于 2006 年跃升为全国重点文物保护单位。

鲁迅故居青灰砖墙，朱红门窗，其建筑形制是一座小四合院，包括三间南房、三间北房、东西各两小间厢房。不论是建筑还是室内陈设，看似平凡、简单、朴素，但有着深刻的历史意义和文化价值。如南屋外间的东壁悬挂着的一张炭笔鲁迅画像，每当鲁迅会客之时，客人一抬头便能看到这一作品。这幅肖像是由陶元庆所绘，鲁迅曾对这位青年画家大力提携，其作品《坟》《彷徨》最初的封面都是指定由他设计。这样的装饰细节还有很多，也证明鲁迅故居在爱国教育层面拥有不容小觑的影响，科研团队通过"AR＋实景"的博物馆场景呈现模式，配合专业演员的表演展开此次艺术探索实践，期冀借助沉浸式数字体验技术，走近鲁迅，走近历史，为公众带来博物馆场景全新感受视野。（图1—图3）

图1　鲁迅故居（大门）

图2　鲁迅故居（内院）

图3　鲁迅的住房"老虎尾巴"，
　　　鲁迅称它为"我的灰棚"

二、AR 技术与博物馆新的展示与互动

AR 为 Argumented Reality 的简称,即增强现实 / 虚拟现实,其主要关键技术包括对象的识别及跟踪。当前,针对固定的大中型博物馆场景与舞台的现场表演,虚实融合经常采用全息技术。无论是采用"虚拟场景 + 真人"抑或"真实场景 + 虚拟人"的模式,全息技术在铸造出一个如梦似幻的世界的前提下,都可引领观众走入博物馆的双重场景,模糊了虚拟和现实的界限。通过运用"蒙太奇手法",利用观众的博物馆场景视觉错位和现场的表演技巧,使全息的三维图像与现实完美互动。但是全息技术适用于室内剧院固定的大型舞台,需要搭建全套的全息成像装置,成本较高,还需要专业的舞台设计及真人表演编排。

AR 技术是另一种虚实融合的舞台表现方法,《2021 元宵戏曲晚会》中的《上元夫人》运用 AR 虚拟技术,舞台真人表演与画卷图谱叠映交融,可谓歌舞蹁跹,仪态万千,让这部失传已久的百年经典在新时代华彩呈现。(图 4)

图 4　利用 AR 虚拟技术呈现的《上元夫人》

另一个舞台 AR 实例是《唐宫夜宴》，它的舞美设计结合了 5G+AR 技术，让虚拟场景围绕现实舞台，将歌舞场景与博物馆场景融为一体，以穿越时空、次元交汇为时间轴，将河南地域中最核心的历史文化元素与歌舞、戏曲和武术表演等精彩纷呈的形式相连接，用"传统文化 + 现代科技"的手法，展现河南文博底蕴的厚度、文化创新的力度和文化建设的成就，为观众带来一场别致的文博盛宴。(图 5)

这几年，国内有些博物馆和美术馆着力寻求音乐、舞蹈等的跨界融合，提升沉浸式观展体验，让观众在博物馆和美术馆赏画听乐，博物馆的独特环境能够让观众更直观地感受到音乐的魅力，使艺术作品焕发生机，不再是博物馆与美术馆内的唯一展出对象，更是城市人文精神的体现与公共美育的良好平台。而本次实践的应用场景定位于观众佩戴移动的 XR 穿戴装备，在实景中移动，看到博物馆场景虚拟表演与实景的叠加。

针对移动式实景 + 叙事表演的博物馆场景研究，安徽艺术学院设计了一个基于 AR 的戏曲教育 APP，系统事先制作虚拟人物和动画，通过手机终端扫描真实场景，识别后叠加虚拟黄梅戏人物，并能够表演黄梅戏选段，声音和动画内容同时展现。(图 6)

但此系统仅用于黄梅戏的教育普及，虚拟人物与真实场景之间的叠加并非基于实景的位置跟踪，也并非根据实景进行叙事表达，即没有将戏曲内容与实景之间进行叙事关联。

图 5 《唐宫夜宴》的 AR 舞台

图 6 基于 AR 的戏曲教育移动客户端表演虚拟黄梅戏选段

在 2019 年中国北京世界园艺博览会上，由中国戏曲学院打造的"世园会 AR 景园——生旦净丑"项目正式亮相，让游人通过移动客户端感受到原汁原味的戏曲艺术。项目选取了京剧、昆曲这两大非遗中生、旦、净、丑四个行当中的典型形象，运用 AR 技术将园林园艺与戏曲虚拟影像有机融合。观众在下载世园会官方 APP "Expo 2019" 后，可以登录软件页面，并且点击"智玩地图"，根据导航提示找到相关 AR 景点，然后直接通过手机摄像头扫描此时的园区实景，使用 AR 技术，观察虚拟空间中真实的演员表演与园艺实景的冲击与刺激，给观众们带来非同一般的体验。无须演员本人到场，表演便能实时呈现，在精美的亭台楼阁与自然山水之间呈现不一样的风景，带给观众全新的戏曲观看体验。（图 7）

图 7 AR 园艺实景戏曲表演

这一系统将虚拟戏曲与实景进行了位置叠加，但系统是基于手机终端的APP，由于屏幕尺寸有限，视觉效果会受一定影响。在XR眼镜等穿戴设备的支持下，需要研究基于XR技术的博物馆等场景虚实融合演艺模式。

上海戏剧学院创意学院领头项目"基于XR沉浸式体验的越剧表演艺术研究"，用数字技术为传统艺术注入新能量，在重新活化戏曲艺术的表演形式的同时，为传统艺术扩大了受众目标群体。项目的一个成果AR越剧《红楼幻境》是一种崭新的创意尝试。该剧目尝试利用XR的技术特点，将中国传统戏曲文本进行解构式分段叙事研究，平衡现实故事、真实演员与空间和虚拟演员的效果，创造"穿越"空间概念，使真实观众与虚拟影像构成达成实时互动的可能性。

作品用屏风隔断出6个空间，分别呈现小说《红楼梦》六个回目的故事。真实观众沉浸于虚拟空间后，利用AR眼镜观看对唱影像，并通过AR眼镜扫描物件，引发弹出诗词与回忆影像，收集分散于整个空间的故事碎片。观众游览完6个虚拟空间后，便可在脑中串联起完整的红楼梦故事。（图8）

图8　AR越剧《红楼幻境》

三、"AR + 实景"的博物馆场景与舞台技术实践

作为一种新的博物馆场景与舞台艺术表现形式,面向实景的虚实融合沉浸式舞台,不论是在博物馆场景创作模式,还是舞台表演呈现模式或舞台与观众的交互模式上都是对现有博物馆场景与舞台理论的创新和突破。本文希冀通过这些模式的研究,为后续研究奠定理论基础。基于虚实融合的增强现实技术应用于博物馆场景与演出场景下的舞台创作和表现是值得探索的问题,以博物馆场景与舞台数字化为基础,将数字内容与实景空间的融合呈现是视觉感知、追踪、交互等技术的综合成果。本次实践以此为技术支撑,在鲁迅故居实现"AR + 实景"场景虚实共融的技术创新。

针对上述问题,应加强面向实景的沉浸式博物馆场景与舞台艺术创作模式研究,开展基于虚实融合的沉浸式博物馆场景与舞台表现技术研究,并进行"AR + 实景"鲁迅故居舞台艺术作品创作及示范体验。

(一)沉浸式博物馆场景与舞台艺术

分析博物馆场景与舞台艺术在实景空间的编排、表现特征;研究实景空间与数字空间融合下舞台作品创作模式;研究数字内容介入下舞台创新表演模式;研究博物馆场景与沉浸式舞台艺术中观众参与和交互模式。通过以上内容研究,探索面向实景的博物馆场景与沉浸式舞台艺术创作中编导、演员、观众之间新型关系,定位数字技术在创作过程中的地位,创新博物馆场景与舞台艺术的创作模式。

基于博物馆场景与文化场所实景数字孪生，研究博物馆场景与舞台演艺虚拟空间构造技术；基于 AR 增强现实技术，研究虚拟演员、道具、场景在实景空间的叠加技术。通过以上技术研究，利用虚实融合将实景空间与数字化博物馆场景及舞台表演进行叠加，借助场景感知、观众行为感知等技术实现博物馆场景与舞台演艺在实景空间呈现逼真效果。

（二）"VR+实景"博物馆场景与舞台艺术研究思路与解决方案

依据上述研究成果，面向选定的博物馆场景与文化场所，创作与场所实景匹配（风格匹配、历史匹配、文化内涵匹配）的舞台短剧；在选定的博物馆场景与文化场所实景空间中，利用穿戴式 AR 装备体验 "AR+实景"博物馆场景与舞台作品。并且，以面向实景的沉浸式博物馆场景与舞台艺术创作模式为基础，以研发基于虚实融合的沉浸式博物馆场景与舞台演艺技术为支撑，开展数字化博物馆场景与舞台短剧及文化场所实体场景融合的应用体验。同时，根据应用的实际情况，迭代优化技术与模式，验证研究内容，从而完成预设的博物馆场景总体目标。技术路线如图 9 所示：

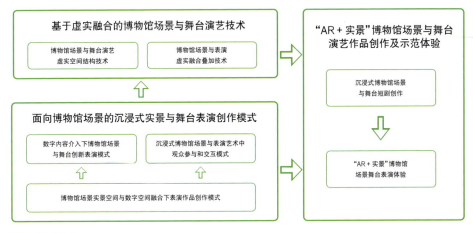

图 9　技术路线图

面向实景的沉浸式博物馆场景与舞台艺术创作模式研究作为本文的起始和基础，通过模式创新界定了数字技术在舞台呈现、虚景实景融合的边界与内涵，以实景空间与数字空间融合下博物馆场景与舞台作品创作模式研究为核心，以数字内容介入下博物馆场景与舞台创新表演模式研究和沉浸式博物馆场景与舞台艺术中观众参与和交互模式为重要内容，构建了"AR+实景"博物馆场景与舞台演艺的创作模式架构，为研究提供了理论基础。（图10、图11）

图10　分镜头场景设计草图（1-4）

图11　AR+博物馆场景创作的实验剧宣传海报设计图

借助技术研究将博物馆场景、舞台数字化表达和实景空间建立起映射关系，使博物馆场景与舞台在表演和场景、现实空间分离、观赏空间融合，构成独特的艺术表现方式。以博物馆场景与舞台演艺虚拟空间构造技术为基础，构造独立于场景的表演表达，以虚实融合叠加技术为手段，实现博物馆场景与舞台演艺数字化呈现在实景空间的叠加重现，为研究提供技术支撑。

"AR + 实景"博物馆场景与舞台演艺作品创作及示范体验作为成效的验证，通过应用示范将研究成果进行展示验证，以面向实景的舞台艺术创作模式为指导进行沉浸式博物馆场景与舞台短剧创作，形成 AR 形态的数字化内容，以基于虚实融合的沉浸式博物馆场景与舞台演艺技术为支撑，开展"AR + 实景"博物馆场景与舞台体验，在选定的文化场所（北京鲁迅故居）利用 AR 可穿戴装备进行示范体验。（图 12—图 14）

图 12　AR 博物馆实景与舞台表演合成场景 1（鲁迅故居大门）

图 13　AR 博物馆实景与舞台表演合成场景 2（鲁迅故居内院）

图 14　AR 博物馆实景与舞台表演合成场景 3（鲁迅故居北房内室）

四、小结

通过对博物馆场景（北京鲁迅故居）的数字实践探索，遥远的历史不再是抽象的概念与冰冷的记忆，而是逐渐转变为能够观察，甚至能够"触摸"的立体事物。在这实践的过程中，沉浸式博物馆场景与舞台短剧演艺技术体系也需要进一步完善。以虚实融合、移动观演体验为技术基点，将突破文化艺术、文化旅游等领域系统集成应用技术，开发出内容可视化呈现、互动化传播、沉浸化体验技术应用系统平台与产品，利用 AR 技术实现内容传播精细化与沉浸化。虚实融合的"AR + 实景"博物馆场景与舞台艺术表现创新形式可应用于历史文化景区、革命纪念馆、名人故居、文化旧址、主题园区街区、沉浸式展演等场景，面向文旅游客、研学学生、城市居民等观众开展示范，形成可复制可推广的博物馆场景创新与发展模式，既满足了人民高质量的美好生活需求，也有利于推动新时代博物馆场景艺术事业的变革。

沉浸式博物馆的
文化衍生品创意开发

  推动中华优秀传统文化创造性转化、创新性发展，加强文物保护利用和文化遗产保护传承是文化自信的重要组成部分。博物馆既是中华优秀传统文化重要的保护基地和展示窗口，也是科学普及重要的发生现场。随着数字化技术的发展，博物馆作为延续历史文明、传播优秀文化的重要载体，在城市公共空间扮演着越来越重要的角色，越来越多的人走进博物馆以满足文化生活和科学素养的新期待。因此，博物馆作为叙事媒介的本身，需要发酵出新的文化空间。

  近年，科技政策领域常常提到"负责任创新"（responsible innovation）这一概念，它要求创新实践不仅能够提升社会效益、推动行业整体的开发，而且还必须与社会伦理道德相契合，要求科技工作者担负起社会义务。 作为艺术科技工作者，我们既要完善博物馆的形式和内容，也要注重设计它背后的系统和机制，构建一个全新文化内涵的场域。而数字化技术能够营造出全新的沉浸式交互体验空间，以沉浸式的交互设计拓展数字博物馆的展示形式、内容及范围。打造360度沉浸式场景，用数字叙述空间的逻辑设计一个集展示、体验、应用于一体的系统。将此系统运用于数字博物馆之中，让观众在多维的空间全面感知文化的生命力，使博物馆的文化教育和娱乐体验达到最佳融合，能够更有效地满足新时代社会公众对博物馆的需求。

一、博物馆文创产品开发现状

在当前科学技术大发展的背景下，传统博物馆的功能升级与定位转型正在悄然发生，依托数字技术的发展，数字化、沉浸式的文物展示正作为创新的博物馆观看和体验方式蓬勃发展，并且受到各年龄群体的广泛关注和喜爱。

现阶段，国内很多博物馆在数字化展览和沉浸式观展等方面都做了尝试，取得了较多的成果，但也出现了一些问题。其一，许多单位进行了"云展览""实景展览"等数字化方面的尝试，但这些大多针对空间和藏品的再现，线上展览虽然具有快捷、远程的优势，但观众体验感和沉浸感不强，尤其是对青少年群体的吸引力较弱，科普和公共教育的意义不够显著。其二，现阶段文化衍生品的开发普遍存在问题，除故宫博物院、河南省博物院、苏州博物馆等个别单位在文化衍生品开发和销售上做得比较成功，绝大多数博物馆的衍生品还存在多项问题，主要体现在产品创意性不足、产业链不够完善以及资金较为短缺，文化衍生品缺少对藏品的文化解构和互动体验等，资源转化亮点不足，观众缺乏购买欲。

针对上述客观现状，笔者认为应加强沉浸式展陈和文化衍生品互动创意模式技术的研究，并进行 VR 博物馆文创产品创设和互动示范体验。借助虚拟现实技术，观众能够在三维空间模型中沉浸式观展，身临其境地感受文物的发源、制作、流传过程等科学和历史知识，收获更加直观、生动的科普教育。并且，观众能够在虚拟现实空间按照引导，以互动游戏的方式创作独特的样式，并赋予其纹样和色彩，亲自加工制作。最后回归现实，现场打印制作创意衍生品。除此之外，观众还可以选择将创作的作品在交由博物馆文创商店制作立体的文化创意衍生品，以虚拟现实互动技术打通科普教育和文化创新之间的壁垒。

本文的内容和设计的应用案例将形成一种创新的文化衍生品开发模式，在强调科普和教育意义的同时兼顾沉浸感、互动性和趣味性，对观众尤其是青少年群体产生较强的吸引力，让他们在虚拟现实的交互体验中创作文化衍生品，得以收获科学知识。站在博物馆方面来看，通过虚拟现实技术的介入，博物馆的藏品与文化衍生品将不再"高冷"，从而实现科学普及、公共教育和文化衍生品开发的形式创新，摆脱当前的尴尬局面。观众也可以通过沉浸式的互动，切身感受优秀传统文化的传承及其中的情感与温度。

二、陶瓷艺术概念及工艺剖析

陶瓷艺术是我国几千年的文化载体，是中华文化的典型代表之一。从传统的角度解释，陶瓷是陶器、炻器和瓷器的总称。从这一概念可以看出，陶瓷是陶和瓷的合称，但并不是简单的概念叠加。那么，什么是陶？陶器是如何烧制的？其代表纹样有哪些？什么是瓷？瓷器是如何制作的？这些问题均为陶瓷艺术的基本问题，在此有必要做出基本的阐释。

（一）彩陶

1. 泥火成器的彩陶

彩陶是一种将矿物质颜料涂在泥坯上，经过焙烧而成的带有纹彩的陶器，这种陶器的纹彩不会因年代久远而脱落。彩陶以黏土为原料，经过制坯、彩绘、干燥、打磨、焙烧等工序制作而成。器型一般是盆、钵、瓶、壶、罐、瓮等之类。彩陶制坯一般分为模具敷泥法和泥条盘筑法。模具敷泥法，主要以内模为依托，直接将泥料挤压成泥片，一层又一层地敷贴到模具上。泥条盘筑制陶法是先将陶泥搓成泥条，再将泥条盘卷叠筑，最后修整成某种形状的器坯。接着出现了慢轮修整技术，到新石器时代中晚期，制陶工艺技术日趋娴熟，原料的精选、快轮拉坯技术的发明，陶器造型更加丰富，形体愈加规整。快轮制陶法是将泥料置于轮盘上，借助轮盘快速转动的力量，用提拉的方式形成陶坯。这种方法不仅提高了生产效率，而且制造出来的陶器形状规整，胎薄体轻。陶器烧成后再绘制花纹的陶器称为彩绘陶。新石器时代大地湾遗址出土了一件白色的彩绘几何纹陶片，说明彩绘陶与彩陶的历史同样悠久。有学者推测，彩绘技术简单，对颜料的要求不高，所以彩绘陶可能出现在彩陶之前。彩陶纹饰一般用毛笔画在素面的陶坯上，颜色来自矿物质原料，以黑色为主，也有少数红、白、黄等其他颜色。因为矿物颜料与陶器同烧，颜色可以经久不变。(图1、图2)

2.彩陶上的纹饰

（1）几何纹饰。彩陶纹样可以简单分为自然纹样和几何纹样两大类。自然纹样取材自大自然的万物，主要包括植物（如花草纹）、动物（鱼纹、鸟纹）、人物、景物等纹样；几何纹样包括菱形、三角形、长方形、多边形、圆形等构成的纹样。上述两种纹饰，归根到底是史前人类依据对现实世界的观察和想象创造的，虽然各有差异，但又有着千丝万缕的联系，有的彩陶纹样上兼有两种纹饰的特征。此外，自然纹样和几何纹样的出现时间几乎是同时的，但前者是后者发展的前提，又因为几何纹样更为抽象、

图1 古代窑炉模型

图2 新石器时代马家窑文化半山类型彩陶旋涡纹双系壶（约前2500—前2300年）

繁复,伴随着人类的进化发展,自然纹样逐渐向几何纹样转变。总体而言,在数量、表达方式和表现内容方面,几何纹样略胜一筹。

几何纹样纹饰通过色彩形式,以点、线、面为基本元素构成图案,更多体现了人们的观念意识与抽象思维。点有大小,线有宽窄,面有多种形状,色有红白黑黄,多因素、多方式的图案组合与变化,赋予了彩陶无限的创造力和表现力。壶、瓶的饰彩部位一般在口沿和中上腹部,线条简洁明快,图案规整有序。(图3)

(2)动植物纹饰。原始先民在日常生活和劳动中,每天面对山涧流水,仰望日月星辰,观察自然界的花叶蔓枝、伏蛙游鱼、飞禽走兽的形态。他们将自然物象提炼为艺术形象,简洁生动,特色鲜明。无论是日月星辰,还是动植物纹样,乃至载歌载舞的人物图案,无一不显示了人类早期居住之地的天然环境。这些形象有些是单纯的艺术装饰,有些则蕴含了信仰的内涵。彩陶中的植物纹主要包括花瓣、叶片和果实。仰韶时代的植物纹样往往与抽象的圆点纹、弧线纹、三角纹互为表里,难分彼此。在半山、马厂类型阶段,植物纹的大量出现,成为彩陶中最美丽的装饰纹样,进入青铜时代以后植物纹逐渐消失。新石器时代,人们开始驯养家畜。中国较早驯化的是狗和猪。西亚地区驯化了山羊和绵羊。青铜时代,中国北方的自然环境发生了较大变化。甘肃地区一些原来宜于农业的地

图3 新石器时代彩陶上的几何纹饰

区变成了半干旱、半沙漠地带。随着山羊和绵羊的传入,这里人们的生存方式也从农耕变为畜牧和狩猎。这一时期,彩陶题材出现了不少犬、羊、鹿和蜥蜴纹饰,反映了畜牧生活的特色。(图4)

(3)飞鸟与水生一族。学界目前将鸟纹的出现归因于古人的信仰。在生产力极度低下的年代,飞鸟自由翱翔于蓝天之上,具备一种神性,从而得到古人的崇拜。鸟纹最早出现在仰韶文化早期,外观形象生动、写实;仰韶文化中期已经出现图案化趋势;仰韶文化晚期的鸟纹只突出眼睛,身体的其他部位已经脱去鸟的基本外形,毛羽飞扬,旋转如风,并越来越趋向于水流漩涡形态。马家窑类型的鸟纹常表现为对鸟旋转缠绕的式样,鸟头部已经变成圆点,身体则变成旋涡线条。 上古时代,人们滨

图4 彩陶上的鱼纹、植物纹、人形纹

图5 彩陶上抽象的飞鸟纹、水波纹、蛙纹

水而居，水里的鱼、蛙及其他水生生物是日常捕猎的对象，也是彩陶艺术离不开的母题。仰韶文化早期盛行鱼纹和蛙纹，鱼纹存在时间不长，但蛙纹及其变体形象一直延续到了马家窑文化晚期。有学者认为，鱼、蛙类水生动物能大量繁殖，繁殖过程中的体态变化也很容易观察和记载，鱼纹、蛙纹彩陶的普遍出现，可能与人类早期的生殖崇拜有关。（图5）

（二）陶瓷

中国是世界上首个制造陶瓷的国家，商代的遗迹中便已发掘出原始青瓷的碎片。到了唐朝，出现了"越青邢白"两大陶瓷体系，代表着南北两地的不同艺术面貌。宋代是陶瓷发展的鼎盛时期，窑场林立、工匠众多，有汝、官、哥、定、钧五大窑，以及北方磁州窑、耀州窑，南方龙泉窑、景德镇窑等窑系。由于市民经济不断繁荣，元、明、清三朝的瓷器生产更为兴旺发达，除元青花、永宣青花、青花五彩、斗彩等名品外，清代还创造出珐琅彩、粉彩等新品种。根据釉色和装饰类型进行划分，我们又将中国古代瓷器分为颜色釉瓷和彩绘瓷两个品类，彩绘瓷又可细分为釉下彩瓷和釉上彩瓷。

1. 颜色釉瓷

颜色釉可分为高温色釉和低温色釉，其制作工艺是在陶瓷表面的釉中加入某种氧化金属，烧制后瓷器表面将产生不同色泽的釉。它不仅有如青、白、黑、红、蓝、黄、绿、紫等单色釉，还有多色釉，如窑变、炉钧、洒蓝、仿古釉等。青、白二色占据着唐朝和五代之前的色釉瓷的主流，有着"南青北白"之称，杂有黑釉、黄釉、花釉等。宋、辽、金、元四个朝代的色釉瓷器，颜色仍然保持青、白、黑、窑变釉等主流色彩。在明、清时期，景德镇窑生产的颜色釉瓷器产量最大，并远销海外。其代表性品种涵盖永宣白釉、祭红釉、祭蓝釉、弘治黄釉、康熙郎窑红、豇豆红等，并有大量釉色丰富的仿古釉、窑变釉和"象生瓷釉"等。（图6）

2. 彩绘瓷

（1）釉下彩瓷。孔子云："绘事后素"，釉下彩瓷属于高温彩瓷，它是由工匠在素坯上绘制纹饰，再用透明釉或浅色釉覆盖，经过高温烧制而成。其品种有青花、釉里红、青花釉里红等。早在唐代，长沙窑便有着釉

图6 磁州窑白地黑花缠枝花卉纹梅瓶、清雍正款淡黄釉小观音尊、康熙款豇豆红釉菊瓣瓶

图7 明宣德青花缠枝莲纹天球瓶、清康熙釉里红花果纹瓶、元釉里红花卉纹玉壶春瓶

下彩的烧制,而磁州窑的釉下彩则风行于宋、金两朝。到元、明、清三代,青花、釉里红、青花釉里红等品种受到时人的热捧,其中青花瓷器占据主导地位。(图7)

(2)釉上彩瓷。相较釉下彩瓷一次便能烧成,釉上彩瓷是在坯面上绘制纹饰后,再经过二度烧制,借助低温烘烤固化而成的彩绘瓷。它的颜色在釉面之上,所以被称为釉上彩瓷。我国传统釉上彩瓷的有五彩、斗彩、珐琅彩、粉彩、釉上单彩、色地彩等众多品目。其中,斗彩和青花加彩多为釉下彩和釉上彩融合而成。宋、辽、金、元时期,定窑、磁州窑、吉州窑都曾产出釉上彩瓷,代表性的品种有金彩描花、黑釉加彩以及红绿彩等。明、清两代的统治者对釉上彩瓷有着偏爱,景德镇窑产出青花五彩、斗彩、釉上单彩、色地彩、青花加彩、素三彩、珐琅彩、粉彩、胭脂、墨彩以及各类颜色釉上加彩等。(图8)

(三)陶瓷烧制工序

鉴于中国陶瓷艺术的历史沿革,可以归纳出一套较为完备的烧制工序:(1)原材料的加工:分为坯料和釉料的制作;(2)陶瓷造型:凭借手

图8　清康熙五彩山水人物图瓶、雍正款粉彩荷莲纹玉壶春瓶、乾隆款珐琅彩双环耳瓶

工技术与个人审美对作品进行塑形；(3)成型后的制釉：在已经塑形的作品上施涂釉色，又根据釉彩附着的位置分为釉上彩和釉下彩两种品类；(4)烧制：根据创作者的需要以及现实条件的制约选用不同的窑炉烧制。(图9、表1、表2)

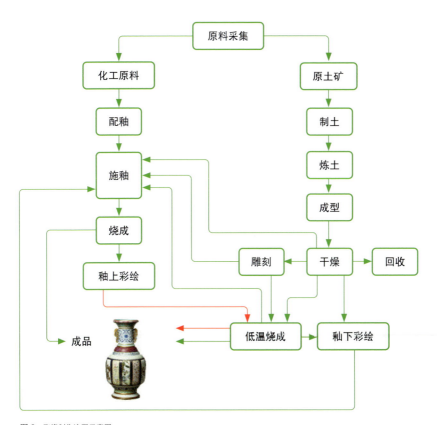

图9　陶瓷制作流程示意图

表 1 　陶瓷制作工序

工序	概念	主要方法及工序	
坯釉料制备	经过粉碎、化浆、榨泥、造粒等工序,原料成为坯釉料,从而适用于此后的各种造型要求	泥料	球磨、化浆、榨泥、炼泥
		浆料	球磨、化浆
		粉料	浆料、喷雾、造粒
		釉料	球磨
成型	将制备好的坯料,借助手工与机器制成各类坯件,然后进行一段时间的干燥,随后上釉	手工法成型	用压实泥料,手工拉坯成型
		可塑法成型	用泥料阴模滚压,阳模滚压、塑压
		注浆法成型	用浆料空心注浆、压力注浆
烧成	将经过成型上釉后的半成品,在高温窑炉烧制的工艺过程	素烧、釉烧间歇窑(梭式窑)、连续式窑(隧道窑)	
彩烤	在瓷胎上彩绘,然后在中低温进行烤制的工艺过程		

表 2 　陶瓷装饰步骤

装饰方法	概念	方法及品种	特点与缺陷
釉上	釉烧过的陶瓷上用低温颜料进行彩绘,然后 600℃—900℃彩烤的装饰方法	古彩、粉彩和新彩、手工绘画、贴花、喷花、堆花	色彩尤为多样,但是表面不耐磨蚀,平滑性不佳

装饰方法	概念	方法及品种	特点与缺陷
釉中	釉彩绘使用温度高的颜料并在1200℃左右下快速彩烧，以至颜料沉入釉层中的装饰方法	绘画、贴花	与釉上彩相比颜色种类较少，但其表面光滑整洁，耐磨损效果较好
釉下	在生坯或素烧坯上进行彩绘，然后施一层透明釉，最后在1300℃左右下釉烧的装饰方法	绘画、贴花、釉下五彩、釉下青花釉里红	表面有釉彩层覆盖，色泽明亮，但是烧制温度较高，与其他装饰方法相比，最终呈现的色彩不丰富
贵金属装饰	用金、铂、钯或银等贵金属在日用陶瓷釉上装饰	金边、描金、磨光金、腐蚀金	瑰丽华贵，但是制作费用昂贵
色釉	在无色透明釉或乳白釉料引入适量颜料，烧后呈现各种颜色的装饰	低温高温色釉	雅致，色泽明丽
结晶釉	釉料中引入结晶料，烧后釉内出现明显结晶的釉	通常与色釉配合使用	烧制后的晶体呈现为星星图样、冰晶或雪花纤维纹饰
色坯及化装土	陶瓷坯体整体着色及坯体表面覆以着色泥浆的装饰方法	刻花、剔花、堆花、镂空浮雕及塑造	色彩整合度较高
雕塑	对陶瓷坯体及釉面进行雕塑的装饰方法		具有优异的艺术表现力
其他	以现代科学技术方式进行装饰的制作方法，如光泽彩、裂纹釉、无光釉、流釉、照相装潢及发光釉等		

三、项目设计及实施

当今社会生活水平逐步提高，人们对精神文化的需求也愈加强烈。在博物馆里欣赏陶艺作品，由于受场地限制，不能同时展示陶瓷艺术作品制作生产过程。另外，受新冠疫情影响，这几年文化展示场所时关时开，更多的工作、生活、文化娱乐在线上展开。为此，用 VR 虚拟现实技术来设计一套既能满足人们对陶艺作品的观赏，又能参与了解瓷器的工艺制作过程，创作一件属于自己的作品，致力于创造多重情景，将艺术作品转换为一个动态的环境，有了更多具身感知，实现一种新的审美体验。

现实展览中，陶艺对场地及道具的苛刻要求是其发展的一个桎梏，而 VR 虚拟现实技术却正好完美补齐了这个短板。无道具，却可以近距离了解和触摸其使用道具上面的细节；无场地，却可以随时随地调入相关的场景。借助 VR 虚拟现实技术，得以灵活重组与再造陶艺技术，在内容上将原本在物料及制作工具繁多、过程较长的陶艺制作过程进行简化处理，体验者自行创意组合陶艺纹样与色彩，让体验者浸入立体空间，实现多维度的感观体验。这是一种全新的尝试，也可能是最好的传播方式。

（一）设计思路

本方案将以博物馆中常年展示的中国陶瓷为实验展品，以观众参观博物馆的流程线路贯穿整个项目。人们首先进入陶瓷展厅参观了解文物；其次进入体验区，"亲自"感受陶瓷制作过程；然后是文创区，体验者

设计制作文创产品；最后享受自己的创意成果，将实物带回家。（图10、图11）

图10 总设计思路

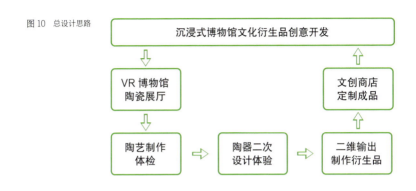

图11 方案技术路线

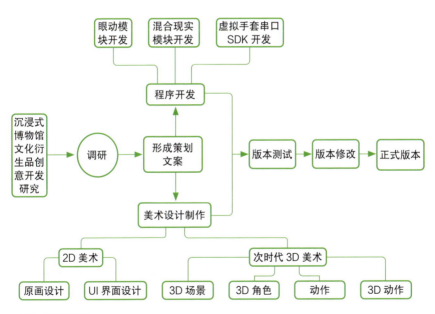

（二）VR 语境中对陶瓷的设定

1. 器型

根据陶瓷的发展历史，从陶罐的出现至今，在众多陶瓷器型中，挑选出五种具有代表性和美感较强的陶瓷器型，作为本方案互动体验文创实验的基本器物造型。接着，创作团队在中国陶瓷纹样图鉴中进行遴选，挑选适合五种器型的二方连续纹样，为体验者提供自由组合搭配。（图 12、图 13）

2. 颜色

陶器上的纹样配色色标由创作团队从古代图案的配色与敦煌石窟壁画色彩中梳理提炼而成。体验者可以从配色样本中任意挑选自己喜欢的颜色，给陶瓷图案配色。（图 14、图 15）

图 12　五种器型

图 13　部分纹样

四、VR 虚拟现实技术系统开发制作

陶艺是一种比较特殊的传统技艺，用于陶艺制作的道具极其烦琐，各个流派之间制作陶艺的步骤也有所不同。传统陶艺的制作及绘制对匠人都有极高的技艺要求，从手工艺人转换为一个普通的体验者，使用 VR 这种全新的表现形式，可以极大地减少陶艺制作在专业和技术上的障碍。项目团队花费大量时间研究如何降低用户制作陶艺和绘制纹样图案的难度，如何将陶艺进行普及化及操作简便化。利用 VR 虚拟现实技术来表现陶艺制作是本项目技术中的重点和难点，优质而全面地整理并凸显陶艺制作最精髓的部分，让内容成为整个项目研究当中的亮点。VR 虚拟现实技术在表现陶艺时需兼具一定的科学严谨性，也要保有一定的娱乐互

R233G209B181	R142G111B68	R91G136B83
R212G202B180	R125G107B66	R121G155B137
R212G192B157	R78G123B113	R60G113B110
R228G193B78	R169G164B127	R53G89B122
R203G86B75	R133G155B144	R71G87B75
R201G128B113	R128G160B100	R64G60B57
R139G72B70	R85G111B140	R24G39B64

图 14　填色色标

图 15　器型与纹样
　　　　配合效果图

动性，这又是我们要解决的另一个难点。在对拉坯、烧制、绘制图案纹样、特征、操作难易度、展示效果等进行仔细考量后，最终确定了陶艺制作的五个关键过程：拉坯、施釉、烧制、上色、绘制。

（一）VR 三维模型制作

在对部分的陶瓷进行三维建模后，将三维模型放入 VR 场景中，用户才得以近距离欣赏陶艺之美。模型制作采用三维游戏精细的制作方式，根据陶艺的特殊性，技术团队制作了两类模型：一类是用于展示的陶瓷器物；另一类是用于体验者互动时的模型（由代码生成）。（图 16）

在模型的制作中，技术团队通过多次探索形成了一套行之有效的三维模型制作规范，也发现了一些值得注意的技术要点。如在虚拟现实技术的运算中，减少模型的复杂度和图形的数量，同时简化操作过程，这样引擎的实时运行效率就会得到提高，最终呈现效果也会更加流畅，使用者可以得到更好的体验。因此，小组尝试在每个三维原型的点、面及贴图的数量上，尽量做到简化与美观并存，以更简单或其他变通的方式来达到相同的视觉效果。VR 技术最终呈现的画质效果，不仅要有逼真的外观，还要具有良好的造型，这是由艺术设计本质所决定的。经过研究与

图 16 VR 展厅展示的陶瓷和体验者制作陶器的模型

调整，创作团队总结出以下技术实操基础准则：

1. 模型线条要笔直。模型的线条应保持垂直且尽可能对齐，善用吸附格点的功能，在同一个高度或宽度的点都对齐工整（善用侧视、顶视、前视图），不要有歪歪斜斜的墙或不平的地平面。

2. 布线要工整流畅。线的走向既要平顺也要尽量有条理，而且线和线之间的密度要尽量一致。尤其是针对曲面，一个有条理的模型布线对于模型本身的曲度、平滑度的掌握会有很大的帮助。

3. 每个模型面的大小要平均。模型面的密度要平均，基于引擎运算量的考虑，每个模型的总面数都有一个预算，由这个面数来决定模型做多细，什么细节是可以用贴图画出来，什么细节是需要靠模型来表现的，如何将面用得恰到好处，做得细致又不浪费面，虽需要有足够的制作经验来判断，但是最基本的是从大体上看面的分布很平均才行。

4. 保持模型的型和比例真实并具说服力。在建模的时候，为了保持足够的真实性和可信度，即使是 VR 模型，从大的外形到小的细节，比例都要合理，务求和真实世界里同类的东西有类似的比例关系，尤其是场景的建筑，一旦比例不对就会很容易失真。

5. 避免使用多于四边的面。引擎对多边形的运算是以三角形为基础的，即使是四边面也是以两个三角面的方式来算的，所以为了不让运算出错或者导致模型变形，不能有多于四边的面是很重要的。

6. 保持模型在原点的位置。除非有特殊要求，一般模型都放在坐标原点的位置（归零）。这一方面是因为交互时每个模型的位置是不含模型本身的位移值，另一方面是让别人在看你的模型文件时很容易就可以找得到你的模型。

7. 所有连接在一起的点都要焊起来。所有重合的点都要焊接起来，不能有断开的点。对于引擎来说，每一个点都需要计算一次，所以如果点是分开的，就会多计算很多次，会影响计算的速度。

8. 确保所有的多余不用的点都要清除。通常在去边的时候会不小心忽略掉把点也删除，这样会因此产生多于四边形的面，造成错误。

9. 面和面的衔接尽量不要有穿透。即使可以不用连接成一体的模型，也务必把面尽量对齐，不要穿透，否则这样的模型看起来很乱很粗糙，对于程序运行甚至会造成显示上的错误。

10. 没有占面积的面要删除，模型不要有破洞，如果有破洞的话要把破洞补上。在模型给程序前需要冻结模型位移旋转缩放值并归零，清除不用的场景物件，所有用不到的模型材质定位点都要删除干净。

（二）VR 陶艺制作三维模型贴图

贴图是很关键的制作阶段，将直接影响模型转为 VR 的效果。在贴图的制作中，技术团队通过多次探索获得了 VR 贴图的一些制作心得：

1. 贴图 UV 面的大小要尽量一致，在模型上面的面积相对于 UV 上所分配到的面积比是固定的，不能有部分特别细，也不能有特别模糊的部分。可以用棋格贴图来检查，UV 尽量不要有拉伸，保持模型上每个像素点都是正方形，不能有拉伸或变形。

2.UV 面尽量连续且对齐,既不能有大小的差别也不能有位移。UV 面的位置关系要尽量与模型面的位置关系呼应,UV 面的位置关系要保持和模型上的一样(不含共享 UV 的贴图),这样在 UV 的细节连接上会比较容易,也比较好调整。可能的话,UV 尽量不要断开,除非有其他特殊需求,多余的 UV 点会增加 VR 程序的运算量。

3.UV 避免斜向布局,因为像素是正方形的,相较而言水平和垂直的走向不容易有锯齿出现,避免造成不平顺的感觉。

4.贴图的尺寸要绝对遵守 2 的次方的组合,例如 256×128、1024×512、512×512,不要有其他数字出现。

5.贴图细节的比例要和真实世界的接近,如果遇到困难,也必须尽量做到合理。例如砖墙上砖块的数量和真实的墙保持一致或至少接近,不然会失去真实感。(图 17)

图 17　贴图材料与模型

（三）VR陶艺程序设计制作

本系统的这个程序采用的是现在通用的 Unity 引擎进行制作开发，底层采用 C# 进行代码编写。在过程中也设置了服务器端口进行协助连接。可以实现体验者的创作数据实时的保存，便于打印及进行文化衍生品的创作。具体程序流程如下：

1. 用户等待片头播放完毕后进入场景，此时可以自由在场馆中移动参观。（图 18）

2. 观众可移动到展品前与其互动，查看其详细信息。（图 19）

3. 场馆游览完后进入陶艺制作体验区。（图 20）

4. 体验者将进入拉坯环节。（图 21）

5. 按住手柄扳机对陶罐外形进行创作，可任意改变其外形。（图 22）

6. 造型完成后将其放入桶内施釉。（图 23）

7. 施釉完毕后将其放入窑内进行烧制。（图 24）

8. 在定制区选择想要定制的陶器器型。（图 25）

9. 选择纹样、颜色，在陶瓷上进行自由组合搭配。（图 26）

10. 将适合的纹样放置到陶器上。（图 27）

11. 创作完成后点击"确认"完成定制（文化衫或布袋）。（图 28）

12. 热转印后，陶艺文化衍生产品制作完成。（图 29）

13. 通过文创商店定制陶瓷成品。（图 30）

图 18　VR中观众参观陶瓷展厅

图 19　VR中观众点击陶瓷了解相关知识

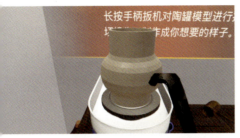

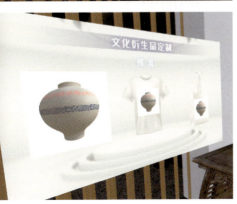

图 20　VR 中观众进入陶瓷制作体验区

图 21　VR 中观众准备拉坯体验

图 22　观众正在体验拉坯设计陶瓷器型

图 23　观众体验给素胎施釉

图 24　VR 中施好釉的陶瓷入窑高温烧制

图 25　VR 中提供体验者选择的 5 种器型

图 26　体验者在陶瓷上设计纹样与颜色

图 27　设计好纹样的 VR 陶瓷

图 28　VR 中定制陶艺文化衫和布袋

图 29　陶艺布袋与文化衫

图 30　文创陶瓷成品

（四）VR 陶艺程序测试解决方案

程序测试采用 HTC 独有 360 度空间追踪，能够更好地实现 VR 的沉浸式效果。同时在这个互动体验中进行创新，采用了服务器架构连接两台 HTC 设备进行互动。

运用最新的 VR 技术能够最本真还原陶艺令人着迷的工匠艺术，仿真立体的环境也是一种全新的体验，形式上的创新让传承具有了更多可能性，也使其传播变得更加的简单和快捷。借助 VR 这种科技手段在新

图31　笔者体验 VR

时代找寻到自己的文化表现形式，是传承古老文化一种必要的有益尝试。

技术作为文化传播的一种媒介和手段在现今发挥了越来越大的作用，打破传统与现代之间的界限，使传统文化呈现生生不息的活力的同时，也让最前沿的技术寻找到了用武之地。（图31）

五、小结

随着人工智能、云计算、大数据、5G 等信息技术的快速发展，VR 技术设备的更新换代将使数字技术的应用、发展具有无限的可能性。从显示设备、动作捕捉设备再到头戴式显示设备，大量国内外一线厂商不仅涉足虚拟现实的硬件设备领域，并将其作为发展的重中之重。全新设立的行业标准与技术标准将使 VR 技术更加规范与成熟，国内各相关行业也积极抓住机遇，进一步主动介入 VR 技术标准的制订，铺开生产研发协作模式，借助产学研结合的渠道使 VR 技术不断走向成熟。空间定位、无线技术等将使产品的视场角、透光率、屏幕分辨率、佩戴舒适度等与开发的应用技术更加贴合。

我们如今生活在一个现实与虚拟融合的世界，正经历着前人未曾想象与体验过的全新世界的开端。为充分利用博物馆传承历史记忆和城市文脉的意义，从业者必须使今后博物馆的发展与人民的日常生活相契合，进而激活历史文物资源的生命力。本文的研究意图是在 VR 技术平台构建一套虚拟陶艺体验与创作的仿真系统，让陶艺作品变得更直观和亲切，探索性地开发一种"博物馆＋文创"有机结合的新的运营模式。通过建立 VR 展馆，让用户远程也能参观并进行互动体验，购买具有创作情感和价值的文化衍生品。这种线上、线下相结合的创新经营模式，不但能够推动博物馆的文化传播和普及，亦能增加博物馆的经济效益。这种模式可以使博物馆展览不受时空限制，进行广泛应用，覆盖历史博物馆、户外史迹、民俗馆、科学博物馆、自然博物馆等文化和艺术展馆的多种场景，为科学普及事业和文化传播事业注入新的活力，也摆脱了传统展览观众需要亲临现场的局限性。文物资源依托于博物馆，但并不局限于博物馆，身处各地的人们可以在网络中进行虚拟参观，观赏空间得到不断拓展。只有提高文化资源价值的利用率，实现博物馆资源社会化效应的最大化，才能为整个社会创造更好的文化体验环境。

长久以来，人们都在寻找一种能够忠实记录现实的方法。1839 年，一种名为"摄影"的技术使人们看到了某种希望。这一年的 8 月，法国政府收买了成功研制于两年前的达盖尔法，并将之公之于众。从此，以"直观准确"为第一要义的"摄影术"真正诞生。时至今日，影像已然全面渗透到大众的日常生活中，并成为人们观照世界和自我的一种重要方式，于潜移默化中改变了人们对世界的看法，并引起人们内心情感的变化。

从本雅明的机械复制时代到我们的数字虚拟时代，人类最大限度地实现了"影"和"象"的同一古老追求，甚至超越了这一限度，影和象、虚拟与现实，在地球村的生活景观中，已逐渐融为一体。从广场、地铁到卧室，真实的"象"，机械复制的"影像"，数字虚拟的"影像"，如滚滚洪流将个体的肉身包裹，人们已无力分辨真与假、虚与实。通过全球网络直播，我们可以第一时间接收到想要获取的最新信息。面对如今泛滥的图像与视频，有关世界的一切都逐渐变得"失真"，网络传输的另一端不过是一串串代码……

当影像裹挟在商业和政治的信息流中吞噬了失语的观众，作为艺术的影像能够有何作为？ 20 世纪的现代艺术史中，塞尚、毕加索、康定斯基、杜尚……都曾回答过这一问题，艺术是对被技术逼近实体之"象"的"影"的破坏。艺术是用影像颠覆影像。21 世纪的艺术史正在被重新书写，数字技术、图像信息、网络逐渐成为艺术创作与评价的关键概念。伴随着现代生物技术和科学的发展，人类自身生命的真实性亦受到挑战，技术对人体的"修复"与"革新"正将人类推向"后人类"时代。本部分的两篇文章尝试反思，在全球数字化时代的语境下，在传统与现代的思想碰撞中，能够产生怎样丰富的艺术张力与实践意义。

《中国传统艺术在虚拟现实技术中的互动表达与语言转化——以"VR皮影游戏田忌赛马开发与应用"为例》从互联网时代的语境下，关注数字技术创意如何为传统文化重新赋能。2006年，皮影戏被列入第一批国家级非物质文化遗产名录，2011年又被联合国教科文组织列入人类非物质文化遗产代表作名录。然而，在现代化进程的加速发展中，这一优秀的传统文化却面临濒危的处境。VR皮影游戏"田忌赛马"互动软件的开发，借助虚拟现实技术，为这一即将消逝的文化注入了全新的活力。展览中，观众从"观看"传统艺术转向"体验"传统艺术，这种艺术展示与观众体验相结合的参观方式已成为一种新趋势。非物质文化遗产的活态传承与现代社会文化语境及大众审美心理相互结合，此刻，科技与艺术融合，非物质文化遗产也越过了地域与文化的屏障，开始成为人类共通的交流平台和文化资源。这一项目也为皮影的传承发展、参与全球性话语书写与文化建构提供了中国创新方案。

《数字化语境下元宇宙在博物馆中应用畅想》试图解释"什么是元宇宙"，并关注数字化语境下元宇宙概念在博物馆中的应用。尽管各界对元宇宙的概念各有独特的解读，但综合有关其概念的描述，可以发现元宇宙与虚拟世界、沉浸式体验、技术集成等联系密切。人的体验感是虚拟现实技术的核心。虚拟现实技术突破了物理空间限制，使无穷想象的数字交互空间得以实现。基于"活化的博物馆"的概念，结合数据分析，笔者认为博物馆显然是元宇宙应用的最佳场所。既有现实世界的数字化复制文物，也有虚拟世界的创造，再结合文物产生的时空环境、文化生态、生活习俗等背景，博物馆能够再现文物的时空场景以接近真实的人类全感官，从而营造全新的沉浸式体验。

科学技术的发展重构了人类艺术的观念。从技术复制时代艺术中消失的"灵韵"，到"后人类"时代的跨学科、跨文化、跨思想交流融合，艺术及其观念在交叉与重叠中形成崭新的文化思想与艺术形式，揭示了未来艺术在未知领域的可能创造。在这个影像颠覆历史图像、颠覆艺术权威和真理的时代，我们需要影像思维，不仅因其拓展了历史的可能解读形式，也因其为视觉图像提供了一个全新的景观。历史与现实的影像发生了质的变化，人们在重温过去的同时，也能够反思群体的历史记忆和个人的生存现实。

中国传统艺术在虚拟现实技术中的互动表达与语言转化
——以"VR皮影游戏田忌赛马开发与应用"为例

皮影戏作为我国非物质文化遗产之一，是中国传统艺术的瑰宝，却也正在当代社会中遭遇前所未有的传播与传承困境。本文基于非物质文化遗产活态传承，以"VR皮影游戏田忌赛马互动体验软件开发与应用"为实例，探讨皮影艺术与虚拟现实技术如何融合。本科研团队所构建出的皮影展示系统兼具体验性与交互性，试图让虚拟现实的"造境"契合传统皮影的古典韵味，既满足公众审美又保留皮影戏本身的特点。

一、虚拟艺术 —— 作为实验的文化地带

没有人天生就知道所有事实的真相。

——威廉·詹姆斯

"虚拟现实"（Virtual Reality，简称 VR）无疑是当前全球最重要的视觉传播形式之一，它具有浸蕴性（immersion）、交互作用（interaction）、想象力（imagination）、人工性（artificiality）、仿真性（simulation）与遥距在场（telepresence）[1]等最典型的基本特征。在哲学领域"虚拟现实"被称为"虚拟实在"，指"在功效方面是真实的，但是，事实上却并非如此的事件或实体"[2]。在技术实践的意义上，"虚拟实在"是以为人与计算机的共同工作创造更直觉的交互方式为基础的，由此实现在虚拟环境中的超现实表达与运作。

　　任何一次技术革新都将深刻革新文学艺术的形态及其观念。VR 对于艺术的意义在于，正如迈克尔 · 海姆（Michael Heim）所认为的，在根本意义上，虚拟实在的本质不是存在于技术当中，而是存在于最高秩序的艺术当中。虚拟实在所允诺的不是探索更好的真空吸尘器，或更吸引人的通信工具，或更友好的计算机界面，而是从根本意义上探索改变与拯救我们研究实在的某种意识。[3]虚拟现实将主体及其所潜藏的能动本性，以浸润体验的强大感受方式融入实在世界体系中。主体由此从观看者的位置中移除，和艺术进行更为直接的交互。主体本能的非理性因素有机会在理性化的系统中得到充分的张扬。交互"在场"的方式，不仅使 VR 创造的艺术环境完全区别于传统艺术，更重要的是将主体的整个身体活动和感受解构之后，在时空中重新展开并给予阐释。VR 将虚拟引入传统艺术以人工实在为主的形式中，创造出人造的可感知的存在。由此，在艺术阐释与表达中新增了充满着想象的心理艺术表达区域。从整体上看，VR 影响下的传统艺术成为打破现实与虚拟界限、重叠丰富时空线索的，在人机交互或人—机—人交互的虚拟世界里，完成感知、交往、创造与学习的动态过程。从此意义上讲，虚拟现实开启了艺术与传统、现实等链接与作用的全新机制，开辟了一个充满想象的文化艺术实验地带。

二、VR 技术在文化领域内的实践

虚拟世界被认为是充满自由和流动性的实验地带，文化在这一世界当中变得多姿多彩，它正在以 VR 为代表的技术引领下，全面、深入地介入当代文学艺术实践的进程。虚拟现实技术已经成为我们考察当代艺术状况及其发展时不可回避的重要现实。作为一种可以让用户置身于虚拟三维世界的计算机仿真系统，它最早在游戏领域得以应用。如："1991 年，日本世嘉公司发行 VR 街机游戏，通过液晶显示屏幕、立体声耳机和惯性传感器等追踪玩家的头部运动；同年更有大型多人虚拟现实游戏《虚拟》（ Virtuality ）面世，这是第一款真正的三维虚拟现实系统游戏。"[4] 随后，美国 Linden 实验室在 2003 年发布了以 VR 技术为基础的 3D 游戏——Second Life（ SL ）[5]，该游戏基于多源信息融合的交互式三维动态视景，玩家可通过运动的虚拟化身交互，进而成功营造一个与现实社会平行的虚拟社会。相较于传统游戏，VR 游戏更加"具体可感"，因而更受到年轻人的青睐。

同时，VR 技术在国外文物修复领域也得到了较为充分的应用。弗吉尼亚在 2009 年开展的经典雕塑数字化保存项目 (Digital Sculpture Project) 开启 VR 技术在文物修复中的应用先河。随后，美国大都会博物馆的亚当像修复遵循了"清理—预处理—采集分析—对比分析"的路径，代表了 VR 技术应用于文物修复的可行案例。大都会博物馆工作人员将亚当像破碎后的 200 多块碎片进行分类标注，然后扫描存档，根据碎片内在特征和纹理融合的原理完成图像的聚合，并以三维显像的方式来计算断臂残肢所受重力，成功将大理石材质的雕像修复。

当下，在以 VR 为代表的数字媒体技术与新经济、城镇化进程加快融合的背景下，非物质文化遗产既遭受冲击、加速消失，现有的非遗难以进行充分、有效地展现和现实挑战，也在迎接继往开来的历史机遇。正如联合国教科文组织在《保护和促进文化表现形式多样性公约》的"序言"中所写的，要"强调文化互动和文化创造力对滋养和革新文化表现形式所发挥的关键作用"。以传统文化的传承创新为目标，践行国家文化发展战略，坚持民族的传统凝聚与文化认同，推进非遗的产业化创新发展，探索非遗保护与科技进行融合发展，特别是通过运用 AR/VR 技术将非遗项目"活现"于眼前，并利用此项技术让非遗得以原生态延续，是中国非遗保护适应当代国内外形势变化并不断发展的必然选择。对于中国皮影戏这一典型的非遗类别的互动表达与语言转换而言，以 VR 技术连接传统与未来，实现中国传统艺术在当下的视觉转换。

三、中国皮影戏的前世今生

皮影戏，民间又称"灯影戏"或"影子戏"，它植根于大众生活，取材于人间百态，是中国汉族民间艺术的代表之一，在我国民间广为流传，古老而又鲜活。皮影艺术实际是光、影、声的结合。"皮影人物多取材于我国家喻户晓的故事、神话，经典传奇，通过人物，故事传达出中华文化的真、善、美，人性的善与恶，对少年的谆谆教导，对家庭美满幸福的宣扬，对社会和谐的倡导，都是皮影艺术广受欢迎的缘由。"[6]

人们现在所称的"皮影艺术"，是包含了皮影戏及皮影戏中的人物、场景等道具的总称。作为一种综合表演艺术，皮影借光显影，集绘画、雕刻、文学、音乐、舞台、表演于一体，承载着中华民族特有的精神价值、审美意识及文化内涵。具体而言，皮影一般用牛、羊、驴等动物的皮革做成人物角色及场景的平面形象剪影，表演时用一块经过鱼油打磨过的白色纱布作为幕布，分隔幕后和观众。艺人在幕后一边操控皮影角色进行表演，一边用地方曲调唱述剧情，同时配以民间乐器演奏。在光源的照射下，皮影紧贴幕布活动，在挺括透亮的幕前投出五彩斑斓、真切动人的影像。在艺人的操作下，皮影人物甚至能做出跑、立、坐、躺、卧、趴等诸多姿态，供幕前的观众欣赏娱乐。皮影艺术讲究互动交流的环境氛围，重视故事情节和情感渲染，以情动人，具有浓郁的中国本土艺术气息。（图1）

中国皮影艺术可谓历史悠久，源远流长。《汉书·外戚传》记载方士齐人少翁张灯设帐为汉武帝招李夫人之事，据此推断，皮影戏发端于西汉，兴于唐朝，鼎盛于清朝，到了民国时期，因连年战乱，皮影艺人流离失所，皮影艺术也逐渐没落。新中国成立后，皮影艺术再度活跃，但"文革"时期，皮影又成为"破四旧"的对象，再次遭到打压。"民不知书，独爱听戏"，千百年来，皮影这门古老的艺术与世俗生活息息相关，借助舞台表演的形式呈现，基本以娱乐大众为目的，在没有电影、电视的年代，为观众带来欢声笑语的同时还促进公共场域的形成，记录和见证了中国的社会演变。

由于中国幅员辽阔，经过长期的演化，皮影在不同地域形成了众多流派，在共同的审美特征下呈现百花齐放之状。不同流派在皮影图案的

图1　山西侯马皮影戏演出现场

艺术创意上，都借鉴了各自地方的帛画、画像石、画像砖以及宗教壁画等艺术形式和纹样，在皮影的音乐唱腔上，多汲取当地特有的曲艺、民歌、小调等的风格与韵律。

皮影道具的制作难度极大，讲究刻制材料的选择，讲究制作工序的环环相扣，讲究刀法的准确无误，讲究色彩的协调。虽然皮影在不同地区的风格各具特色，但其制作程序却基本相同。皮影的制作工艺比较复杂，一般需要选皮、制皮、画稿、过稿、雕刻、敷彩、发汗、熨平、连缀等近十道工序。(图2)也正是由于烦琐的制作工艺，使皮影兼具装饰性和穿透性，角色造型有虚有实，在光影交错中，白色幕布上的视觉效果剔透而艳丽。在百戏中，皮影戏是较少可以演出大型神话题材剧目的剧种，场面中既有车、船、马、轿，又有奇妖怪兽，角色可以上天下地、喷云吐雾、劈山倒海，配以声光效果，奇幻场面令人叫绝。

随着时代的发展，人们物质生活水平和审美情趣逐步提高，艺术欣

图2　非遗传承人在雕刻牛皮影

赏习惯也发生了转变。佶屈聱牙的唱词，才子佳人、升官发财一类的故事情节，已不能满足当代人文化艺术的欣赏要求。人们仅关注皮影制作环节中的精湛雕工和色彩搭配，并将其装裱和造型用于装饰，强调了皮影作为艺术衍生品的观赏价值。事实上，由于皮影艺术传播地区的局限性，导致对其认知度和接受度的局限。虽然制作皮影的艺人在创作中也有大胆创新，设计了极富想象力和观赏价值的现代皮影，但终究少了些枪来剑往、上下翻腾、声情并茂的热闹场面。

2006年，皮影戏被列为第一批国家级非物质文化遗产项目。2011年，联合国教科文组织又将中国皮影戏列入人类非物质文化遗产代表作名录。作为中国优秀的传统文化，皮影戏却已面临濒危的局面。不仅专业剧团经济困顿，还遭遇皮影传承后继无人的困境。和诸多传统艺术的传承模式相同，皮影也是通过师徒式的言传身教进行传承。但是，皮影行业的整体衰落致使皮影从业艺人逐渐减少，人们对这些传统文化的热情也被众多的娱乐项目所分散，皮影戏在全国各地的演出量逐渐萎缩，加之传统的皮影戏从制作到表演的繁杂程序，需要艺人具备较为综合的艺术素养和高超的手艺技能，这些必备的从业条件使得年轻人很难选择以此作为职业来专门学习。正如刘英英所表示的："观众少且不了解皮影艺术，皮影艺术内容、形式过于陈旧，剧本唱腔与时代脱轨，没有搭建与时下受众的'联接'或'共鸣'，这使得人们特别是年轻人对皮影艺术不感兴趣。"[7] 与现代生活的长期脱轨，使得皮影艺术在传承与发展中的很多环节都存在着不可避免的短板，也是类似的很多传统文化艺术适应当下社会最大的障碍。如不及时对这些传统文化进行抢救性保护，在不久的将来它们也许就会消失殆尽。

四、皮影艺术与虚拟现实技术结合的探索之路

唐·西奥认为："要想理解虚拟现实和网络空间的社会与文化内涵，需要重新评价吉布森（Gibson）的网络空间、麦克卢汉受现代主义影响的电子媒介发展观点以及乔伊斯对麦克卢汉所产生的特别影响三者之间的内部关系。"[8] VR 正在创造一种与 1965 年麦克卢汉提出的"现实由'许多空间'组成"有着相同所指的新的拟态环境。在麦克卢汉的描述中，这一拟态空间不仅是理性的视觉空间，还包括声觉空间、本体感受空间、听觉／触觉空间等，每一个空间及其精神状态都依赖于某一具体的媒介模仿。技术的进化使人们的所有感觉回归到一起，实现了人类视觉主导地位的失败以及各种感觉系统的重新整合。由此，延伸了我们的神经系统，使我们能够将视觉与听觉外化为整个环境。艺术与科学由此产生了"它们反环境的需求"与最为强烈的媒介增殖需求。以 VR 为代表的新媒介在艺术所创造的拟态环境下往往趋向于两个方向：一方面打破旧概念，催生与媒介相适应的新感知艺术形式，将艺术诠释引向别处，以征服新的现实；另一方面为了维持和抑制感知变化的意识，技术成为新的艺术局部改良的表达方式，创造新的关联方式。

如果放置于皮影戏这一具体的艺术形式中观察，VR 技术的出现恰

好解决了皮影艺术的困境。毋庸置疑，传统皮影的表演形式及传播渠道已不能适应当下的时代步伐，以往图文、视频等传统形式的展现方式大多仍停留在视听欣赏中，不可能达到现场观看的效果，必然要寻找一种让观众可以沉浸式观看、欣赏的方式。VR 技术打破了传统皮影艺术的现实展示方式，运用数字技术实现虚拟空间的构建，可以使艺术表现形式更加多样，使其承载更多的信息量，为体验者提供与皮影艺术沉浸式互动的机会，它的情景化、虚拟化与交互性补充了传统皮影无法实现的感官体验。借助 3D 动画技术，将皮影艺术原本二维的平面展示内容予以三维立体化转换，营造一种时空交错的幻境，让体验者在视觉、听觉与触觉等更多的感知器官都得到刺激，与多维信息的环境发生作用，全方位感受自己在皮影世界里所见即所想，增强皮影艺术的宣传展示效果。

VR 与皮影遭遇后，在有技术赋能之后建立起来的意识与现实的崭新环境中，形成自身以旧的艺术形式触发的新的感知，并彼此相互适应、形成平衡。一方面，传统皮影得以将自身遮蔽的深沉内涵，通过 VR 进行崭新的展示，更为解构、动态与全面地被揭示、认知，实现艺术时空的腾挪。其揭示的、看到的现实转变并不是一个顺着麦克卢汉的思维，我们可以把由 VR 创造的这种拟态环境看作艺术的探索，用它来训练为我们产生新的意义和作用的感知。其中，传统皮影并不仅仅用来"融合"，而是去创造或者"表达"新的意义，向我们揭示新的世界与新的生存策略的变化模式。我们除了能够清楚观察到皮影戏传统表面在技术层面的断裂，更能使艺术体验者感受到动态中我们意识板块之下深层的、潜在的、移动缓慢的流动。[9]

这种"融合"可以说是一种有意而为的"失明"，或者是技术普遍合并的证据，技术的配对或组合是在更为复杂的设计下产生的，而新的艺术形式的目的是征服更新的现实。"皮影"对场地及道具的要求是阻挡其发展的一道屏障，而 VR 技术却可以完美地补齐这个短板：它打破了蒙太奇的镜头转化形式，极大程度地将视觉选择还给了观众，让观众处于 360 度无死角的影视场景中，提升了观众的沉浸度。虚拟道具和演出场景的出现并没有割裂皮影与所在环境的联系，反而加强了虚拟数字信息与现实环境之间的时间与空间关联。这种虚拟的互动体验方式不但再现和创新了传统文化的独特艺术魅力，还使人们从中感受到新媒体科技与非遗融合所带来的影响与反思，带来裂变式的传播效果。

为改善皮影艺术濒危的生存现状，在其传播中利用数字化技术是其发展的重要手段和必然趋势，国外对非遗的保护也正从保护有形物质的固态手段中逐渐脱离出来，更多借助 VR 技术推进文物数字化工程。其中影响力较大的有华盛顿大学、斯坦福大学与 Cyber Ware 公司合作的数字化米开朗琪罗项目，芝加哥大学联合西安大略湖大学的木乃伊工程，法国"加利卡"文化数字工程，"美国记忆"虚拟图书馆，日本奥兹地区的活态文化遗产"狮子舞"等。

科技发展一日千里，皮影艺术如果再不吸收新的元素并进行推广，在当今社会将很难流传下去。为了让这种民间艺术精粹继续焕发活力与生机，首先应当以皮影戏的行业调查、数据采集为研究基础，全面搜集整合现有国家级非物质文化遗产中的"皮影"项目,对多来源、多类型的资源进行整合、提炼。其次,应当将传统的皮影艺术表达语境与 VR 技术相结合,采用全方位沉浸式的第一视角,对传统皮影元素进行交互设计创作,着力解决交互性不足、与生活联系度不高和用户体验不强等问题。皮影与 VR 技术的结合,既保留了皮影的传统感观,又能在科学技术介入时将皮影以一种全新的多维度形态展现出来,更多地吸引社会的关注度,希冀让更多的人尤其青年一代喜欢上皮影,让这一濒危的民间艺术得到更好的传承和发展。

这一做法为中国传统艺术的创造性转化和创新性发展提供了示范,不但满足了大众更多的艺术体验需求,还为皮影艺术的保护、传播和推广提供了无限的可能,使皮影艺术的信息传播更立体化,有助于非遗立体化信息传播体系的构建,为中华传统文化"走出去"搭建了桥梁。皮影艺术与 VR 技术的结合,是中国凭借独特的传统文化参与全球化文化审美建构的重要机遇,更是世界视野下中华传统文化确立文化身份认同与文化价值自信的必经之路。

五、"田忌赛马"中的互动表达与语言转化

皮影不但是一种表演艺术,用于影戏的道具也是精美的工艺品。早在唐宋之时,皮影艺人在完成故事讲述之余,对皮影的做工也精益求精,倾注了大量心血。其制作工艺和流程十分复杂,一个可用于演出的"皮影

箱"需要一个成熟的皮影匠人制作三年至五年。此外，皮影的成品保存也是一个难题，不论是演出时遭遇的气候环境，还是温度和湿度的变化，都会导致皮影的变形损坏。再者，皮影戏的表演手段和技巧也可谓综合了许多艺术门类，演唱的同时要操纵皮影，而且不同的流派有不同的唱腔，艺人学习起来非常费时费力。

根据皮影的这些特点，如何运用数字媒体技术在人物、唱腔、场景、道具的展示制作等方面形成自己的体系成为研究的当务之急。这就需要更多交叉学科的研究团队投入该研究，在分析不同类型文化遗产特点的基础上，从皮影的本质和表现形式出发，有针对性地开展应用研究。具体而言，要从整体策划入手，对传统皮影行业进行调研，了解与分析皮影艺术的发展现状，对有皮影基础的城市或村落进行梳理，并挑选代表性的地点进行实地考察；同时对皮影艺人进行深入访谈，通过视频拍摄完整记录传统皮影演出剧目，将传统皮影道具的制作工艺技法和制作过程进行采集和整理，形成整体的"VR 皮影戏田忌赛马互动体验软件开发与应用"项目文案。

项目以记录于《史记》的中国传统故事"田忌赛马"为例，寻找皮影艺术与 VR 技术最佳结合方式来传承和发扬皮影艺术。在世界著名科技杂志《连线》的创始主编凯文·凯利（Kevin Kelly）看来，VR 技术快速发展的亮点是"现场感"和"互动效果"，以虚拟现实为代表的"互动"也必将成为"未来三十年中产品和服务的总趋势"之一。[10] VR 技术打破传统的蒙太奇式二维镜头转化，通过头戴设备和手柄操控即可体验全方位的数字化虚拟空间，并且可以高精度地还原现实物理空间的各种细节。体验者只需小范围环视和移动，即可感受到身临其境的沉浸式体验性和趣味性，观众视觉选择的自由得以扩大。同时，VR 超越了我们以往感知传统皮影艺术的方式，创造了一种共享而流动的"四度空间"。在这种空间中，更多的人通过共享参与到皮影艺术的空间营造与意义生产全过程。观众乐于用此种形式近距离接触皮影艺术，在可操控的技术模式下感受一种全新的认知体验和永恒的艺术互动。打破人机分野与真实和虚拟之间的界限之后，视觉成为可被编程与操纵的信息，这可以让年轻的一代爱上传统文化，为其传承和发展注入更多的可能性。项目创新点在于使人们对皮影的认识从二维平面转到三维立体的感官体验，从观看表演到参与其中，从看戏到游戏。同时，人们在其间扩展了对皮影的感知模式与感知经验。

在美术设计制作中，分为 2D 美术设计和 3D 美术资源制作两个环节。在 2D 美术设计中，对原画和 UI 界面进行整体的美学构想与风格设计；在 3D 美术资源制作中，通过三维制作技术创作"田忌赛马"互动程序中所需的场景、道具、人物、动作、特效等元素，准备好基础的美术资源。在现代社会背景下，皮影艺术的内容必须符合当代人的审美心理、文化心理和消费心理。在此环节中，主要难点在于对皮影元素的提炼和加工。在众多流派、剧本、剧目中遴选适合本项目互动表达的内容，并从中汲取有效元素，进行提炼、拆解和重构，不但要保留皮影艺术的精髓，还要能转化为新的语境，符合现代审美要求。

在程序设计开发制作环节中，首先进行程序框架底层设计制作，例如对田忌和齐王的上马、中马、下马分别进行不同的速度设定与感官反馈体验。之后导入已完成的美术资源，再进行 VR 程序设置、导出、测试等环节。用 VR 技术来进行人机互动，能让受众仿佛身临其境，置身其中。通过控制遥控手柄得到信息反馈，使用过程中简单流畅的操作，增加了互动体验的娱乐和趣味性，在给受众带来喜悦与收获的同时，使皮影艺术在新的语境中获得重生。

通过合适的技术手段和巧妙的阐释设计，非遗和新科技的优势得以发挥，丰富的文化内涵得到展示与传播。"VR 皮影游戏田忌赛马"将文化自信融入传统文化与科技相结合的现代叙事语境中，探索非物质文化遗产的保护路径，通过运用 VR 技术进行的交互体验设计，将皮影艺术进行更多维度的艺术表达，并将其感官体验引入数字时代。

六、"VR 皮影游戏田忌赛马"寓教于乐的艺术传播

正如意大利作家艾尔弗雷多（Alfredo M. Ronchi）指出："在信息时代，数字媒体信息已经成为最受观众喜爱的文化艺术传播方式，相对于传统的叙述方式，数字信息更容易被公众所接受。"[11] 通过 VR 技术对中华传统文化进行活化，不仅可以实现古代与现代的碰触、历史与当下的对话，还是一种文化内向传承与外向弘扬的"媒介"。通过游戏这一切入点，"VR 皮影游戏田忌赛马"极大激发青少年群体的参与热情，在充分考

虑用户的交互体验需求下，让用户直接控制和影响自身的媒介体验过程，并且通过媒介传递文化基因。此时，游戏作为一种媒介，用来传授知识、安抚情绪、传递理念、构建认同。

正如美国计算机先驱利克里德（J. C. R. Licklider）所阐述的："这是人与计算机之间合作性交互被期盼的发展，它将涉及伙伴关系中人与电子成员之间非常密切的耦合。"[12] 在"VR 皮影游戏田忌赛马"互动体验的内容设计上，首先呈现一场皮影戏的演出环境和道具，包括幕布、蜡烛光源以及各种影人等元素。幕布上方字幕提示"将演出把台上的皮影道具放置到幕布上"，并在下方图文显示"根据高亮勾边的提示顺序去操作"，并提示游戏手柄操作方法。点击"确认"以后，体验者可以将一个个皮影人物、车马、围栏等道具置于"幕布"上，组装出一个完整的皮影场景，沉浸式的体验不仅可以让体验者身临其境地感受皮影戏的剧情，更可以作为"主角"主宰剧情的发展，寓教于乐，从而了解皮影艺术的相关知识和表演原理。（图 3、图 4）

之后进入第二环节"比赛"。字幕提示："比赛分为三个环节，请在上、中、下三匹马中选择一匹与齐威王进行比赛，每匹马只能被选择一次，3 次全部完成后，胜出 2 次的一方获胜。"（图 5）下方图文提示手柄操作方法。点击"确认"后，体验者可以挑选马匹进行比赛并取得相应的成

图 3　皮影戏戏台 3D 效果图

图 4　"田忌赛马"VR 互动体验中组装皮影场景之一

绩。在赛马环境中有皮影样式风格的城墙、河流、赛道、植物等元素,并将皮影马匹制作成三维立体的感觉。在赛马结束后,体验者会思考如何采取机智的方法挑选马匹来战胜齐威王,并悟出一定的中国智慧与哲理,在给予观众视觉自由的情况下让观众跟着故事走。在程序设计上还根据"田忌赛马"的故事线索和赛马规则适当地增加一些额外的互动环节,如障碍物等因素,增加了更多的游戏体验和感受。(图6)该程序的开发进一步推进了传统文化的表现形式转化,在带有鲜明民族文化特征的同时,使传统文化与现代科技结合成为时尚,扩大受众范围与文化影响力,为今后对传统文化的保护、传承、开发等提供示范作用。

"VR皮影游戏田忌赛马"的成功实践使得皮影戏这项古老的艺术在虚拟现实技术的助力下,以更受年轻人喜爱的方式重新进入大众视野。该项目先后参加2019中国旅游产业博览会、2019第十六届上海教育博览会、2019年中国—东盟(南宁)戏剧周和2019中国(青岛)艺术博览会。"田忌

图5 "田忌赛马"VR互动体验程序中选马环节

图6 "田忌赛马"比赛场景

7	8
9	10

下页:

图7 2019中国旅游产业博览会(天津)上观众排队体验VR皮影"田忌赛马"游戏

图8 广西南宁的孩子们排队体验VR皮影"田忌赛马"游戏

图9 菲律宾的年轻人在体验VR皮影"田忌赛马"游戏

图10 2019中国—东盟(南宁)戏剧周活动现场,项目负责人为新加坡嘉宾讲解VR皮影"田忌赛马"游戏

赛马"的 VR 互动体验,所到之处都受到观众的热情参与。(图 7—图 10)

　　虚拟现实技术作为一类把"虚拟"场景和"现实"皮影链接在一起的方式,可以将认知主体置身于虚拟环境之中,并通过特定的语言来实现或完成虚拟的认知过程。在此过程中,观看者通过直观的多维图像,从模拟中获得对于皮影艺术的新的知识。虚拟现实技术实现了让大众与皮影艺术进行近距离接触与互动,也为传统文化艺术赋予了新的生命。"田忌赛马"VR 互动体验将传统文化置于现代科技媒介中进行创新性体验,使体验者用交互式的益智方式来探寻精彩的内容。此时的技术不仅是作为人的本质属性而存在,同时也在交互中动态地开辟了另一维超现实空间——"虚拟现实艺术创作空间",并以最具生产力的方式扩展传统艺术生产的领地。

通过系统性研究和多元化实践，不但在理论构建上探讨了对非物质文化遗产进行数字化保护的社会价值，也在实践成果上展示了保护非物质文化遗产的可持续性创新的方法和途径。"外围层与相关层容易产生新兴文化产业，从而形成新市场价值。例如，休闲娱乐中的 VR 体验馆不断能吸引大众的注意力，带来良好的经济收益，同时，VR 设备的制造还能促进相关文化设备的创新，从而带来相应的新市场价值。"[13] 在此过程中，"田忌赛马"VR 互动体验的思路与实践具有广泛的应用前景，可以推动传统文化的社会传播，还可以提升中华民族优秀传统文化的形象。

七、VR 技术与非遗融合的前景

文化是国家实力的重要组成部分，是民族凝聚力和创造力的重要源泉。在互联网时代的语境下，非遗文化越过了地域和文化屏障，成为人类共通的交流平台和文化资源。探索非遗保护与科技进行融合发展，以技术整合传统与未来，实现当代转型，是中国非遗保护适应当代国内外形势变化并不断发展的必然选择。而每一次借助科学技术对非遗的摄取和融合，其背后都牵连着在中国人血脉中流淌的"文化无意识"，在全球化的今天，这种"文化无意识"也应该为他人所认识，以实现多样文化的交流。

VR 虚拟技术与传统艺术的全新结合，在为传统艺术开辟了崭新虚拟空间通路的同时，"将数字技术植入皮影艺术这一传统民间艺术，打破其'亲临'的传统表演形式,通过数字化方法并行制作和表演,并加入信息化的元素进行传播和推广,提供更便捷的表演方式,扩大传播范围,吸引年轻群体的关注,为皮影艺术以及类似于皮影艺术的剪纸、年画、木偶戏等民间艺术的保护和传承与发展了提供更大的可能"[14]。将优秀的传统文化艺术进行"数字化转换"是艺术与科学紧密合作的一条新兴的探索渠道,也是目前我们对非遗进行保护的最有效途径。非遗与新媒体科技进行融合,不能简单地只停留在以科技创新为主的数字展示层面,而应该建立人机之间立体化的信息传达及认知体验系统。通过该系统的建立,在沉浸式的环境里创建一个更令人信以为真的场景,营造出传统皮影表演那种带着人文意义的社会环境。与此同时,将皮影与VR技术相结合而开发的互动体验内容,对于皮影艺术的交互设计研究,在创新开发与应用反馈中找到了平衡点,加速了对皮影艺术的保护与创新研究成果的可持续转化。

同时,"文化遗产自身的信息是静态的、直观的,其数字化阐释内容是动态的、多样化的、阐释性的、非线性的、互动的"[15],这要求文化艺术工作者要探索、开发新的专业展示渠道,不断地为民众提供高品质的文化艺术内容,让传统文化艺术形式重现昔日的光彩,甚至散发出更多的艺术魅力。挖掘民族艺术的表达内容是对这种文化内涵的发现与审视,需要有开放的意识和独特的想象力。现在是不曾间断的过去时间,在文艺植根于人民生活土壤的前提下,如何将优秀的传统文化进行当代语言转化,探索我国文化艺术产业的有效发展模式,建立从传统业态向新业态平稳过渡的合理化市场运行机制，是艺术传承者的探索方向。专业从业者对于非物质文化遗产的学术研究应有创新的眼光。只有不断开放思想，摒弃传统观念，进行跨界探讨才能最终在创新实践中寻找到传统文化艺术可持续发展的契机。

正如鲍德里亚曾对网络世界的未来所做的预言：（它）不再是现实图式、双重现实、镜像或概念的抽象性，也不再是有参照物或实体的拟像，而是没有本原或者没有现实的现实模式：超现实。[16] VR 与传统皮影艺术的结合，在再造另类崭新意义的同时，也迫使我们回归传统艺术的本体层面探究其本质内涵。如果把 VR 技术所营造的特定时空作为传统艺术新的母体语境，我们又如何开启崭新的传统艺术创作与传承之路？这是时代交给我们的崭新、重要的艺术命题。

注释

1　参见［德］迈克尔·海姆《从界面到网络空间——虚拟实在的形而上学》，金吾伦、刘钢译，上海科技教育出版社2000年版，第111—112、113—119页。

2　成素梅、漆捷：《"虚拟实在"的哲学解读》，《科学技术与辩证法》2003年第5期。

3　T.Nichles(ed.),*Scientific Discovery,Logic and Rationality*,Routledge,1980, p.181.

4　杨慧、雷建军：《作为媒介的VR研究综述》，《新闻大学》2017年第6期。

5　参见周晓燕、崔然《国外VR技术与虚拟图书馆研究综述》，《情报科学》2018年第3期。

6　王伟：《"一带一路"背景下陕西皮影艺术对外传播研究试论》，《传播力研究》2018年第24期。

7　刘英英：《当代皮影艺术的生存困境与现代创新》，《音乐时空》2015年第12期。

8　转引自李西建、金惠敏主编《美学麦克卢汉：媒介研究新维度论集》，商务印书馆2017年版，第77页。

9　Michael Heim, *The Metaphysics of Virtual Reality*, New York : Oxford University Press, 1993, p.140.

10　参见［美］凯文·凯利《必然》，周峰、董理、金阳译，电子工业出版社2016年版，第XI页。

11　［俄］弗拉基米尔·雅可夫列维奇·普罗普：《故事形态学》，贾放译，中华书局2006年版，第23页。

12　J.C.R.Licklider, "Man-Computer Symbiosis", *Journal of IRE Transcations on Human Factors in Electroincs*, Vol.HFE-1, March 1960.

13　张毅、魏砚雨、陈松：《VR创新提供文化产业发展新内容》，《艺术科技》2017年第11期。

14　曹亚苹：《基于非物质文化遗产数字化保护的平台设计研究——以皮影艺术为例》，硕士学位论文，华东理工大学，2016年，第2页。

15　孔黎明、荣晓曼：《增强现实技术在文化遗产展示中应用综评》，《中国文化遗产》2017年第2期。

16　Jean Baudrillard, *Simulacra and Simulation,* trans.Sheila Faria Glaser, The University of Michigan Press, 1994, p.6.

数字化语境下元宇宙在博物馆中应用畅想

　　基于全球数字化的浪潮，本文着眼元宇宙这一新型数字生活空间的应用前景，思考博物馆建设如何结合元宇宙技术，再现文物的时空场景，使得博物馆既有现实世界的数字化复制文物，也有虚拟世界的创造，从而营造全新的沉浸式体验，更好地展示藏品。这一畅想意在提升博物馆服务社会公众的能力，也为探索虚拟现实技术融入博物馆展陈提供参考借鉴。

一、元宇宙及虚拟现实技术

　　什么是元宇宙？不同的视角有着不同的理解。

　　目前，学界尚未对"元宇宙"这一概念形成统一的定论。但均认为，最先明确提出"元宇宙"（ Metaverse ）一词的是美国科幻作家尼尔·斯蒂芬森（ Neal Stephenson ）。

在他 1992 年出版的小说《雪崩》(*Snow Crash*)中，人们通过 VR 设备和虚拟分身在一个平行于现实世界的虚拟世界中生活。维基百科将元宇宙定义为一个融合虚拟世界、增强现实以及互联网的共享型虚拟空间。以吴江为代表的国内学者认为，元宇宙是一种虚实融合的三元世界数字社会，它由数字技术构建，且人类以数字身份参与其中[1]；学者胡泳则将其抽象为一套数字化媒介系统，一种不同于现实社会中的经济运作形式、社会组织模式、文化生产样式、人类生存方式……尽管各界对元宇宙的概念各有独特的解读，但综合有关其概念的描述，可以发现元宇宙与虚拟世界、沉浸式体验、技术集成等联系密切。

真实世界与虚拟世界间存在着交互，元宇宙技术可以分为三个层面——生态层、交互层与基础设施层。生态层包括经济或金融生态模型、用户生成内容、人工智能；交互层包括沉浸式用户体验、数字孪生、用户生成工具；基础设施层有区块链的存储和智能合约计算力、通信与网络。在这之中，最值得关注的是数字孪生，其本质可以看作信息世界对物理世界的等价映射，以实现物理世界和信息世界的交互融合。而融合的最终目的在于，通过大数据分析、人工智能等新一代数字信息技术，在虚拟世界中对物理世界进行仿真分析和预测，以最优的结果驱动物理世界的运行。从虚拟演唱会、虚拟金融以及虚拟创作，数字技术早已延伸至生活的各个角落，人类社会的发展逐渐也将实现现实与元宇宙共同发展的模式。

从科幻和科学的视角，"元宇宙"更像游戏，是物理空间的增强现实与虚拟空间的永久融合。第一阶段从 Game 1.0 单机游戏时代，被严格设定在规则的新世界中进行游戏，玩家之间不产生任何互动。第二阶段 Game 2.0 网络游戏时代，加入了社交的属性，可实现小范围的交互。此时的通信网络和技术还不能承载太多人进行实时互动。第三阶段 Game 3.0 游戏时代，技术有所发展，但只能做小范围的互动和简单交互。第四阶段多人实时在线、可交互的元宇宙时代，可以承载同一空间内实时在线沉浸式体验画面效果、实现复杂的交互，当然这需要海量算力、算法支持。游戏使内容与现实世界脱节，而元宇宙时代是将用户从体验者变成内容的生产者，用户有极高的自主性，自主性是元宇宙与游戏的本质区别。

　　元宇宙带来的是返祖现象。所谓"返祖"不是返回农民，是返到农民之前。我们今天的认知结构是被驯化的结果，所以它是定数崇拜，万物有定数是人的幻象。人类社会可以用三个字概括，第一个是"喊"，第二个是"写"，第三个是"感"（感觉感知）。农民之前是靠喊，必须在场，用哲学术语叫"亲在"。"感"超越了"写"，主要是图像思维。工业社会以后，很多事情不需要我们亲自做了，亚当·斯密（Adam Smith）的分工理论告诉我们，我们不需要亲自播种、亲自纺纱织布，这是分工带来的好处。元宇宙给我们提出来的问题就是我们可能出让哪些东西，不再需要亲自去做。"元宇宙"实际上是六种感官重塑，即重塑"眼、耳、鼻、身、舌、意"，它的中心概念包括虚拟现实。马克·扎克伯格在 Facebook 改名 Meta 时说："我们超越了今天，超越了屏幕的限制，超越了距离和物理学的限制,走向了一个人人都能与对方同在、创造新机会、体验新事物的未来。"[2] VR/AR 将会超越智能手机和个人电脑,成为下一代主流计算平台。

著名科学家钱学森把虚拟现实(virtual reality)翻译为"灵境",以诗意的形式与之呼应。钱老在 1994 年写给戴汝为、汪成为、钱学敏的一封信中,他说:"灵境技术是继计算机技术革命之后的又一项技术革命。它将引发一系列震撼全世界的变革,一定是人类历史中的大事。"

中国工程院院士、阿里云创始人王坚认为:"虚拟现实的物理学是'心理学'。虚拟现实为人类打开一个新的世界,其最基本的道理都体现在心理学上,因为心理学是研究人的行为和心理活动的学科,其两个核心是'心知'和'行为',人的心知可以通过行为来进行分析研究。"[3] 在克服困扰 VR 的眩晕等诸多不适问题,虚拟现实技术的头显核心技术正在逐渐成熟,更高分辨率,更高刷新率的显示图像元,更高处理能力的专用芯片在快速迭代。人类真正本源的映射和呈现世界的方式,需要更本源的研究,更接近人的感知方式的技术。

人的体验感是虚拟现实技术的核心。虚拟现实技术(VR)突破物理空间限制,实现无穷想象的数字交互空间,它更像是一个问题而不是一种技术描述,没有限定实现的技术手段。VR/AR 作为新一代改变信息系统的形式,它是继电影屏幕、电视屏幕、移动屏幕的第四代 VR、AR 屏,无屏之屏,人们在虚拟环境中工作、社交、娱乐、受教育,以真实世界为蓝本,在增强视野中协同工作、交流,从人机"交互"到人机"共生"。人与机器的边界不断模糊,技术正在以前所未有的速度融入生活的各个场景和方面。

目前，虚拟现实技术主要由程序设计者创造的虚拟现实环境来决定着用户的反应，VR 大部分还处于低级别低智能时期。但是随着虚拟现实技术不断进步，人工智能技术的不断提升，两者结合出现类人智能体，与真实世界的人真假难辨，甚至比人类更"完美"的"数字人"，代替真实的人与用户实现所有交流。从基础智能迈向高级智能，进入智能化的虚拟世界。基于大数据和互联网数据的积累，使用 VR 系统完成多人协同性交互成为主流，程式化 VR 的个体构建到群体构建，虚拟现实演进为虚拟世界。

VR 设备是初级元宇宙核心硬件载体，随着 VR 设备逐步满足经济性、舒适性、沉浸性、互通性等需求，其硬件形态也将从目前的 PC 机、一体机逐步往纯头显（无手柄）以及云 VR 方向演进[4]，解决 Cloud VR 终端的无线化就能实现 VR 的普及。

二、数字化时代的博物馆业态

"博物馆是为社会服务的非营利性常设机构，它研究、收藏、保护、阐释和展示物质与非物质遗产。向公众开放，具有可及性和包容性，博物馆促进多样性和可持续性。博物馆以符合道德且专业的方式进行运营和交流，并在社区的参与下，为教育、欣赏、深思和知识共享提供多种体验。"[5] "无论在任何场景下，以任何形式出现，都是靠集合时空的'碎片'

事物编织出一个乌托邦幻境，来帮助人突破'此时此地'的精神囚徒困境。"[6] 博物馆是元宇宙应用的好地方好场景，元宇宙既有现实世界的数字化复制物，也有虚拟世界的创造物；结合文物产生的时空环境、文化生态、生活习俗等背景资料，再现文物时空场景，接近人性和真实的全感官，营造全新的沉浸式体验；扩展了展陈维度，使展示更为生动；具身在场的体验感配合技术手段使用，产生不同寻常的视觉体验。

新冠疫情对线下博物馆带来巨大冲击，"云端"、数字化转型为博物馆提供了新的发展机遇，各大博物馆纷纷开展线上观展。我国的博物馆与时俱进，积极主动参与构建元宇宙，推动文化新业态的形成。

2021年5月，中央宣传部、国家发改委、教育部、科技部、民政部、财政部、人力资源和社会保障部、文化和旅游部、国家文物局联合发布《关于推进博物馆改革发展的指导意见》，提出"加强博物馆资源整合与协同创新"。2022年5月，中共中央办公厅、国务院办公厅印发《关于推进实施国家文化数字化战略的意见》，鼓励各种艺术样式运用数字化手段创新表现形态、丰富数字内容。培育以文化体验为主要特征的文化新形态，创新呈现方式，推动中华文化瑰宝活起来。"到2035年，建成物理分布、逻辑关联、快速链接、高效搜索、全面共享、重点集成的国家文化大数据体系，中华文化全景呈现，中华文化数字化成果全民共享。"从政策上指明了博物馆发展方向。在5G和数字技术引领的新时代背景下，博物馆建设结合时代技术和新理念，为文化遗产开拓更为广阔的空间和前景，为文物工作开创新局面。

（一）博物馆数字化之三维扫描

2019年，巴黎圣母院火灾的消息震惊了全世界，值得庆幸的是巴黎圣母院之前进行了文物采集，可见文物信息采集与保存的重要性。激光三维信息扫描是一个全新、全面测绘、全信息的采集方式，激光三维信息采集设备在文物领域的应用大大提升了文物信息采集的信息量和覆盖率，即"所见即所得"。

不同的文物对象使用的扫描仪类型也不同。站式激光三维扫描仪适用于高大建筑物和建筑群；背包式和车载式适合大场景；手持式适合碑刻和小型的可移动文物采集；近景摄影测量适合壁画、彩画、书画等色彩信息强的文物和需要高清材质的文物。无人机及其携带的激光雷达适用于空中采集。每一种设备技术各有优缺，相互配合使用。对一组不可移动文物的信息采集需要两到三种设备的相互配合才能完成。对文物信息的采集不但要选设备种类，而且根据文物类型、区位、结构特征等还要设计相应型号、精度的设备以及每一种设备具体配合作业方案和后期软件的可承受能力。除此以外，还有以诺亦腾系列为代表的惯性动作捕捉设备，为文物展示提供了更大空间和可能性。3D打印机为文物的修复和仿真复制提供无限可能。3R（虚拟现实VR、增强现实AR、混合现实MR）

图1　中国艺术科技研究所五台山龙泉寺石牌楼激光三维扫描后3D打印部分样品

在 5G 的加持下，可以改变社会技术，对文物保护、阐释、展示具有重要意义。（图 1）

（二）元宇宙技术为博物馆提供新思路

盖珂珂在 2022 年题为《元宇宙博物馆建设与技术融合》的讲座中提道："元宇宙是整合多种新技术而产生的新型虚实相融的互联网应用和社会形态。就技术角度，扩展现实技术提供沉浸式体验；数字孪生生成现实世界的镜像；区块链搭建分布式的经济体系。虚拟世界与现实世界在经济系统、社交系统、身份系统上密切融合，并且允许每个用户进行内容生产和编辑。元宇宙利用科技手段进行链接与创造实现现实世界的映射与交互的虚拟世界，具备新型社会体系的数字生活空间。"随着元宇宙技术的加速发展，博物馆与新技术的进一步结合，呈现出新的模式和思路，虚拟空间中的博物馆以全新的面貌重现在大众面前。元宇宙的交互技术，通过计算机将现实与虚拟相结合，打造一个人机交互的虚拟环境，为人们提供沉浸式体验。软件交互有虚拟主机、VR/AR、触觉、AI 计算实体等。元宇宙的数字孪生，生成了现实世界的镜像，构建了三维的虚拟世界。元宇宙的区块链，为元宇宙提供了一套经济运行规则和构建数字资产。5G/6G 等通信技术为元宇宙提供通信保障，承载高宽带，实现低延迟高效的数据传输。计算中心满足元宇宙对信息处理的巨量计算需求。边缘计算、云计算等计算技术实现高效分配算力。元宇宙时代，人工智能（AI）可以代替人承担一些关键生产要素的工作。

（三）元宇宙是非遗传承永续之载体

非遗需要更多的人参与，实现社会化传承。元宇宙提供了便捷手段和途径，为非遗传承提供永续载体与安全选择。元宇宙可以充分满足物质与非物质文化遗产的单一的、唯一性的"全过程"体验，包括文化遗产的物件、手工艺品、表演节目、民俗活动等的设计、生产加工、互动、传播等方面的需求。元宇宙为非遗融入大众生活、融入时代进行保护，为构建都市、街区形态的文化生态提供了虚拟现实交互形态的可研对象和可行方案。现实实体是虚拟世界（元宇宙）的基础，物质与非物质文化遗产为元宇宙提供了优良内容和文化灵魂。

（四）博物馆数字藏品（NFT）

数字藏品（Non-Fungible Token，简称 NFT）是一种非同质数字资产，其所有权被记录在区块链上。中文也被翻译为"非同质化代币"，具有不可替代、不可分割、独一无二等特点。NFT 的出现，在某种程度上解决了传统艺术领域的防伪难题，NFT 艺术品所有权和流通过程均被永久、去中心化地记录在区块链上，[7] 可以理解为一种"虚拟资产或实物资产的数字所有权证书"。NFT 其实是结合区块链技术 + 元宇宙概念所形成的一种虚拟"商品"。

为弘扬中华文明，传播敦煌文化，"央数藏"推出以"梦回敦煌，神鹿为伴"为主题的"敦煌神鹿呦呦"系列数字藏品并发售。意大利时装奢侈品牌 GUCCI（古驰）基于 XR、VR 技术，建立起虚拟的穿戴体验，实现了品牌与用户之间的互动，推出了首款数字虚拟球鞋 Gucci Virtual 25。北京德绘文化传播有限公司为中国国家博物馆创意设计"中国古代兵俑系列"榫卯积木玩具 NFT 数字衍生品，以周代虎贲军兵俑形象为创意蓝本，通过 360 度旋转的形式，三维展现以传统工艺榫卯为结构的形象创意，趣味性还原中国古代兵俑的甲胄、武备特色，整体展现金戈铁马、勇毅刚猛的经典形象。同时，在背景部分相应融入中国传统建筑代表性的飞檐斗拱、红墙云纹等符号元素，借助数字化的艺术处理手段与视角，深度展现中国古代军事文化的魅力。(图 2)该公司 NFT 创意设计团队还打造了中国景泰蓝第一人张同禄《大国三部曲》"大国雄风"将军尊 NFT 数字艺术藏品，以中国工艺美术大师、亚太地区手工艺大师、国家级非遗景泰蓝技艺代表性传承人张同禄先生景泰蓝《大国三部曲》之"大国雄风"作品为创意基础，通过数字化创意，完整还原呈现大师匠心巨作敦厚挺拔、雍容华贵的艺术气质，以及该景泰蓝作品经典的器型、纹饰及色彩，呼应作品调性，以黑色的背景辅以升腾的云雾铺就水墨化的中国风基底，凸显

图 2　"中国古代兵俑系列"榫卯积木玩具 NFT 数字衍生品

图 3 "大国雄风"将军尊 NFT 数字艺术藏品

该作品瑰丽的配色和精湛的国宝级技艺。同时，根据作品的器型结构特点，充分展示"大国雄风"作品颈部、腹身等不同层次的纹饰及宝石镶嵌特征，形成多角度、多层次、多维度的艺术鉴赏形式。（图 3）。

三、结语

科技的发展、资本市场的需要催化了元宇宙的发展，其承载的数字技术正尝试进入现实世界的各个领域。然而，元宇宙应用还处于发展期，元宇宙博物馆要考虑在技术、设计、标准等多方面的挑战。如前端应用方面内容应用之间的互通互联，显示方面三维展方式与视觉疲劳、听觉再现，交互方面多模态交互的准确性；后端系统方面，元宇宙内容的创建、充实、共享等，以及平台的互联互通等；功能方面，平衡用户和博物馆的需求及数字藏品的价值；社会层面，存在信息安全、知识产权、个人信息保护、标准竞争、经济竞争等方面的挑战。总之，元宇宙博物馆应用是一个面向用户的交互系统，设计需要考虑用户，采用"以人为本"的手段，达到有用、好用、易用的目的。基于实证的用户分析，理论的交互设计，要有严谨的、全面的评估手段。设计在技术创新的同时，要重点考虑用户的认知、社交、学习特性，也需要注意元宇宙应用的用户和社会的潜在负面影响。

注释

1　参见周鑫等《国内外元宇宙研究综述》,《现代情报》2022年第12期。

2　龚伟亮:《元宇宙与媒体秩序和文明秩序》,《学术界》2022年第9期。

3　王坚:《2021世界VR产业大会云峰会开幕式上的讲话》,江西南昌,2021年10月。

4　徐涛、胡叶倩雯、苗丰、梁楠:《元宇宙底层硬件系列报告 ——VR设备深度篇》,中信证券研究部,2022年。

5　国际博物馆协会官网公布的"博物馆"新定义,2022年5月(https://www.chinamuseum.org.cn/dongtaizixun.html)。

6　李德庚:《流动的博物馆》,文化艺术出版社2022年版,第2—3页。

7　参见观火文化数字化产业智库《2022全球NFT数字藏品市场发展研究报告(上半年)》,(https://www.163.com/dy/article/HALOG6VF051998SC.html)。

三　重新发现的视觉文化

1938 年，马丁·海德格尔在《世界图像的时代》中写道："从本质上看来，世界图像并非意指一幅关于世界的图像，而是指世界被把握为图像了……世界图像并非从一个以前的中世纪的世界图像演变为一个现代的世界图像；毋宁说，根本上世界成为图像，这样一回事情标志着现代之本质。"（孙周兴选编《海德格尔选集》，生活·读书·新知上海三联书店 1996 年版，第 899 页）海德格尔将"现代之本质"的萌芽追溯至柏拉图时代，而直到文艺复兴这一现代进程才正式开启了对作为图像世界的征服。经过工业革命、科学发展、机械复制技术，人们真正进入了"世界图像时代"。

通过视觉形象来喻指理性，在西方有着悠久的传统，而视觉文化研究（visual culture studies）是欧美人文学科从 20 世纪 90 年代中期开始出现的跨学科研究领域。19 世纪中叶以来，新技术的两种趋势对艺术和精英文化的传统形态构成巨大的冲击，一方面，现代图像复制技术极大地刺激了往昔艺术作品的扩散；另一方面，扩张性的技术又不断寻求将自身嵌入艺术创作本身。对观看问题的反思与对艺术本性的反思交织在一起。基于共通的历史条件，差不多在相近的时期，艺术、文化、思想各领域不约而同开始触及我们今天统称为"视觉文化研究"的那种智性实践。不过，视觉文化研究的实践先于"视觉文化"这一术语，前者是后者能够被提出来的条件和语境。

很长一段时间以来，人们对视觉文化问题的认识趋于模糊，摇摆不定且流于概念化的符号认识。而借由科艺融合和探索，是否可以重新唤起人们对于这一问题的再度思考呢？我想答案是肯定的，包括我在内的许多从业者当下正在进行这一方面的上下求索。东西方艺术、科学与艺术相互借鉴绝对是合理且必要的，否则艺术就成为一种无法交流的孤绝存在了。但问题在于，这种交流、借鉴和创新万万不能趋于同化，使艺术应有的多样化和多元化被消磨。本部分的三篇文章，期冀借用最新的数字化技术或西方的图像资源，聚集中华传统文化，从而对这一问题进行深入探讨。

《艺术融合的美学适应性——以天公主飘雪云纹描金陶器系列创作为例》反思中国设计受染于时代浮躁文化的"拿来"自喜，而逐渐疏离了其本身独特的传统内涵。作为世界文化脉络存续的中华文明，其历史悠久，源远流长，我国的设计文化同样在世界传统文化史中独树一帜。文章以回汉艺术历史为基础，将敦煌榆林窟第16窟"天公主服饰纹样"与宜兴陶瓷设计进行融合创新，是一个回汉融合的纹样在宜兴陶瓷上寻求视觉艺术创造的实验，以形成具有当代审美"与物为春"的独特视觉美学。现代设计只有根植于本土文化的土壤，深刻领悟传统中的"中国特性"，才能创造出具有中国意味的视觉设计文化。

旗袍作为中华传统文化视觉符号的代表之一，是民族文化的合一，是中西文化的合一，亦是传统与时尚的合一。旗袍从清代满族服饰演化而来，历经百年的发展，已不仅仅是一种服装形式的变化，更象征着一种文化的传承与更新。旗袍的永久魅力在于它的变化无穷，其独特的神韵与现代时装审美观念相同。《中华传统文化符号的数字化表达——基于3D打印旗袍的探索》旨在思考，如何借助"第三次工业革命标志之一"的3D打印技术，为中国的视觉文化符号产业化、视觉文化艺术衍生品开拓起到推波助澜的作用。当今，人们的消费需求、消费观念已不再停留在获取更多使用的物质产品本身，而转向追求满足多元需求的个性化产品和服务。早在1999年，设计师亚历山大·麦昆（Alexander McQueen）的时装发布会现场，模特儿莎琳·夏露（Shalom Harlow）身穿一条白色的连衣裙，两台喷漆机器将颜料泼洒至连衣裙上。这场秀颠覆了传统的服装模式，半加工的服装在舞台上借助后现代的机械手臂"着色"得以完成制作，人类模特与金属机械的奇异"舞蹈"为观者带来了强烈的视觉奇观。2022年10月1日，法国品牌Coperni做出了更加先锋的展示，超模贝拉·哈迪德（Bella Hadid）赤裸上身，设计师意图在现场借助喷枪和特殊材料为她"喷织"一条连衣裙。喷涂结束后，设计师直接拿起剪刀修剪这条由特殊材料制成的服装。3D打印技术的发展为这些前卫设计的展示提供了现实条件。而3D打印旗袍的创想，不仅可以扩大和传播中华传统文化的影响力，也为推动中国视觉文化的传承与振兴，提高中国视觉文化技术与科技领域的创新提供持久动力。

2015年，国务院办公厅印发《关于支持戏曲传承发展的若干政策》。2017年，中共中央办公厅、国务院办公厅印发《关于实施中华优秀传统文化传承发展工程的意见》，这是传承和弘扬中华优秀传统文化的一项重要举措。近年来，我国文化演艺装备产业发展迅速，然而传统戏曲却面临着传承和传播的双重问题。《虚拟现实技术与中国戏曲表演的融合探索——以"适配真人的中国传统戏曲仿真表演系统研发"为例》为这一问题提供了创新的解答，将作为国粹的中国戏曲与现代生活技术相结合，以达到"活态传承"的状态，使其恢复原有的生命力。传统戏曲传播模式使其传承面临极大的挑战，而借助VR技术吸引大众，尤其是年轻人关注中国戏曲，可以让古老的艺术年轻化、活力化。而戏曲仿真表演硬件装备，可以广泛应用于剧院大厅，为观众提供参与体验、融入真实场景的互动之中，让越来越多的人群对中国戏曲感兴趣，最终促进中国传统戏曲文化的传播与传承。

借助视觉文化研究，我们可以将一段时期的视觉艺术视作观察我国社会变化的一个侧面。在中国现代社会的实践中，视觉艺术以其特殊的再现形式参与其中，以新时代中介入者的全新视角对旧有的视觉呈现进行全新建构，并进一步形塑了当今社会环境下公众的主动行动力。而在经济全球化、西方强势文化主导全球风尚的当下，基于"视觉性"的问题意识，重新发现视觉文化，将中华传统文化内涵与现代科学技术相结合，这将是我们能够发出的最可贵的声音。

艺术融合的美学适应性
——以天公主飘雪云纹描金陶器系列
创作为例

　　放眼全球范围，中华文明历久弥新，其独特的设计文化在世界艺术史中自成体系、绚烂多姿。中华民族的传统纹样不仅是中华美学的外在显现，也是中华传统文化中不容忽视的部分，贯通了我们的民族史，渗透到人民大众的日常生活中。因此，传统纹样不仅体现了各个时代的审美趣味和风俗民情，也凝聚着相应时期独特的艺术审美观念。

　　具体而言，纹样的结构是独立的，美是共享的。同一种纹样通过不同材质媒介得以传播，与各种媒介物交相辉映。在经济全球化、西方文化主导着全球风尚的今天，受染于时代浮躁文化的中国设计在"拿来"的沾沾自喜中逐渐疏离了它本应特有的传统内涵。传统纹样作为传统设计文化的产物，是我国原始艺术的延续，亦兼具实用与审美共存的性质。关于传统与现代的问题探讨已久，但如何能够深层次汲取历史文化养分，将看似抽象的古典民族图样从外在表现形式、内在审美气质两个维度真正融入当代设计理念，是当前设计师难以回避的紧迫课题。新中国诞生后的诸多成功实践启发我们，唯有扎根在中国本土文化的深厚土壤里，才能深刻领悟绵延数千年之久的"中国特性"，才能创造出具有中国意味的视觉设计文化。

本次研究从中国传统纹样的当代活力入手，阐明了传统文化之"根"对于现代中国设计的意义，进而尝试一种内在的自我改造，借助传统文化、回汉艺术的交织，捕捉中华文化的独特韵味。这种艺术之间的交流可以萃取传统文化的精髓，是文化发展和演进的重要组成部分，对于推进艺术发展有着至关重要的助力。本文在跨越时空的艺术融合过程中，进一步激活中国典型传承的艺术媒介物。研究和探索的重点是如何依据经典的"天公主服饰纹样"，塑造出与之和谐的宜兴陶瓷造型，使之形成一种具有当代感的"与物为春"的视觉美学。

一、榆林窟第16窟回鹘天公主历史与文化研究及其服饰纹样采集

石窟艺术形式渊源于印度，从根本上说，石窟逐步发展的过程与佛教不断本土化、世俗化的倾向相始终。很多关键的交通路线及重要的往来事件，都与石窟的营造有直接的关系。正是在这种意义上，我们看到石窟艺术在汲取外来灵感的基础上推陈出新，充分体现了中华民族包容的

胸怀和吸纳转化的能力，能够从不同的角度反映出历史现实与社会变迁，这是因为在雕塑或彩绘的画面中，曲折地反射或直接地透露出当时真实的生活场景，艺术家对现实社会、人情世故的认识融合到画面形象之中，凡此种种，都被石窟真实而完整地保存下来，点点滴滴载入史册。在中原文化不断传播到敦煌，敦煌的汉文化不断发展的同时，西亚的文化、中亚的文化以及南亚、印度的佛教文化也不断传到敦煌，中外不同文化艺术在这里汇聚、碰撞、交融。

依据《敦煌学大辞典》的解释，广义的敦煌石窟包括敦煌莫高窟、安西榆林窟、西千佛洞、东千佛洞、水峡口下洞子石窟、五个庙石窟、一个庙石窟、玉门昌马石窟。莫高窟历经千年的开凿，成为当之无愧的佛教艺术圣地。莫高窟的艺术有着绘塑合一的特点，石刻、壁画、彩塑艺术融于一体，相辅相成。盛唐时期的壁画水平最高。敦煌石窟主要由敦煌莫高窟、西千佛洞、安西榆林窟三个石窟构成，共有石窟 552 个，历代壁画5 万多平方米，是我国也是世界壁画最多的石窟群，内容极其丰富。本文中的敦煌石窟包括莫高窟和安西榆林窟。榆林窟亦称榆林寺、万佛峡，位于今瓜州县西南踏实河冲刷成的山谷中。榆林窟以榆树成林而得名，与敦煌莫高窟同为我国西北地区重要石窟之一。其中第 6、16、31、32、39窟均绘有回鹘供养人像。本文主要以榆林窟第 16 窟中的回鹘天公主为研究对象。

（一）榆林窟的形成与艺术形制

安西万佛峡古名榆林窟，在安西南 140 里，"出安西西门，南行逾十工山（即三危山之俗名），70 里至破城子，汉之广至唐之常乐也。古城周垣完整，城外遗址迤逦不绝。自破城子南行，过戈壁，四十里至水硖口。踏实河自南北流，至是折向东南，斯坦因书中所云之小千佛洞即在此。小千佛洞亦名下洞，位于踏实河转向处之两岸峭壁上；南岸存十窟，北岸存一窟，南窟大率为五代及宋时所开或重修，自西向东第五窟有中心座，榆林窟张大千所编 19 号 20 号构造亦与此同，以莫高窟形式证之，皆元魏遗制也。颇疑榆林窟创建时代与莫高窟应相去不远。莫高窟地处敦煌，去沙州城只二十余里，是以文献石刻流传繁伙。榆林窟距大道过远，巡礼者罕至，遂不见记载，亦无一石刻可资考证"[1]。

"榆林窟即在水硖口南 30 里，踏实河发源南山，蜿蜒北流。窟在河之西岸，东西相距不过 100 公尺，峭壁矗立有若峭成，石窟错落其间。水为石硖所束，奔腾而出，其声如雷。两岸红柳掩映，杂花蒙茸。诚塞外之仙地，缁流之乐土，莫高窟之亚也。东西两岸石窟为数 40，有壁画者张大千凡编 29 号。东岸 20 窟，上下二层，下层自北往南凡 6 号，上层自南往北起 7 号至 20 号；西岸 9 窟，自南至北起 21 号止 29 号。至于榆林窟开创时代，虽乏石刻或文字上记载以为考较之资，然如 19 号、29 号诸窟

图 1 1943 年榆林窟与现在的榆林窟

图2　回鹘服饰资料的图像主要分布于敦煌地区的三个石窟群

形制与莫高窟诸魏窟同，则其起源不难推知。各窟题名自光化三年以至国庆三年，俱在9世纪至11世纪之间。斯坦因谓榆林窟创于9世纪至10世纪，题名率为元代。未加详考，不足据也。"[2]

　　榆林窟因为地处偏僻，游人十分稀少。目前开放的洞窟也不多。榆林窟保护得十分完整，连户外的古代佛塔、院门都和发现的时候一模一样。1941年起，张大千曾经在这里临摹壁画两年之久，现在还保留了他当年在敦煌的珍贵影像，比较可知，现在榆林窟与以前几乎没有变化。（图1、图2）

（二）回汉艺术混合的经典 ——榆林第16窟回鹘天公主及其服饰

　　五代宋初，曹议金家族继张议潮之后，统治瓜、沙等州百余年之久，曹氏家族利用河西一隅的暂时安定，大力兴建石窟，彩绘壁画，以粉饰太平。当时开凿的洞窟较多，占榆林窟全部洞窟的一半。曹氏家族修建的洞窟甬道上大都绘着他们的巨幅供养肖像。如第16窟曹议金夫妇供养像，曹氏夫人像的榜题上写"北方大回鹘国圣天公主李氏一心供养"，显示出这位回鹘公主的显赫身份。榆林窟的供养人画像，不仅具有极高的艺术价值，而且这些画像和题记为研究瓜沙曹氏统治河西的历史提供了可靠的资料。五代宋初诸窟的壁画，内容风格大都承袭前代，但在一些洞窟出现了敦煌石窟少有的题材，世俗气息极为浓厚，譬如有些壁画描绘了曹氏一族的供养人画像。又因为曹氏子孙三世持续与甘州回鹘、于阗国结亲，所以，我们得以在他们出资的石窟中发现大量身着回鹘服饰或回汉混合装的回鹘天公主的供养像。这体现了多元文化交融，体现了五代宋初宗教信仰之间的兼收并蓄。1941年秋，张大千曾到榆林窟临摹壁画，在此窟甬道上留有"辛巳十月二十二日蜀郡张大千临写一周题记"等墨迹。

让我们将视线转移回上述回鹘天公主供养像上。据《新五代史·回鹘传》记载："其可汗常楼居，妻号天公主。"简而言之，"天公主"就是回鹘国皇后的称呼。这一特定名词的出现，或许有两大缘由：一是自唐太宗李世民被尊奉为"天可汗"以来，回鹘等部落对大唐皇帝基本冠以天子的尊号，因此天子所赐嫁的公主，尊称"天公主"。而唐朝一共向回鹘赐婚七次，其中三位公主是当时天子的亲生女儿。中原天子之女，被冠以"天公主"之号，无疑顺理成章。二是地处边疆的回鹘同中原一样，尊奉王权天授，为了巩固其统治的正当性，他们在王室直系成员称谓上都会冠以"天"字，以此显示他们的地位是上天赋予的。基于这一逻辑，回鹘的可汗又被尊奉为"天王"，其妻女也会被称为"天公主"。

图3　曹议金供养像，五代，第十洞（第16窟）主室甬道南壁

图4　供养人曹议金妻于阗国公主像，五代，第十洞（第16窟）后洞北壁

图5　供养人曹议金妻于阗国公主像（摹本）

目前，在曹氏归义军时期的石窟中总计找到七位回鹘天公主供养像，她们身份各异，外形也有所区分，折射出地位的尊卑。试举一例，安西榆林窟第16窟大概率是曹议金和甘州回鹘夫人天公主一起修造的功德窟，其修筑的确切年代暂时无从得知，只能依据题记称号推测，极有可能是曹议金执政晚期（932—957）的产物。后室甬道南壁画曹议金供养像。甬道北壁，有女供养人像一身，高175厘米，发饰作圆尖团形，面部两腮贴有小凤形花钿及双眉翠绿花朵饰物，朱紫长裙，捧香炉；幼女三人侍立于后，执遮阳扇，携果盒及长形包裹，侍女发饰，一为回鹘，余为汉人，题名："北方大回鹘国圣天公主陇西李氏一心供养。"[3]在这一石窟中的回鹘天公主供养像，是敦煌石窟中留存最完备、描绘最精致华美的一尊。天公主梳高发髻，戴桃形凤冠，上插金钗步摇，后垂红结绶，髻发包面，脸上赭色晕染，额中贴梅花，双颊贴花钿，耳垂耳珰，项饰瑟瑟珠，身穿弧形翻领、窄袖紧口、红色通裾长袍，肩披巾帛，衣领和袖口上绣以精美的凤鸟花纹。所穿长袍上窄下宽，袍裾曳地数尺。天公主双手捧香炉，虔诚礼佛，后又三身持伞、持物的侍女伴随其后。其雍容华贵的打扮和她曹议金夫人的身份极为相称，也显示了曹氏在当地的权势。（图3、图4、图5）

第 16 窟的回鹘公主供养像充分展示了那个时代的服饰特点，其他几尊回鹘天公主供养像的打扮也与前一尊大致相同。她们的通身打扮带有浓郁的回鹘特色，不仅体现在礼服上，她们回鹘髻的发型和发钗、步摇等饰品也印证了这一点。首先，回鹘天公主供养像头戴镂空装饰的桃形金冠，头部后面装饰着红色绶带，颈饰瑟瑟珠，服饰为圆领或翻领的窄袖红袍，领口、袖口均绣以花纹装饰。由于桃形金冠的遮挡，上述天公主梳成的回鹘髻，无法观察到具体的盘发样式，不过借助对侍女像的分析，能够确认为其为回鹘髻无疑。在一众女眷供养像中，均跟随着几个身穿回鹘服饰或回汉混合装的侍女供养像。此类随从侍女，或许是随回鹘公主陪嫁的回鹘侍女，或者是侍奉天公主的汉族侍女，由于她们侍奉的女主人均是回鹘天公主，因此她们也与主人一样穿的是回鹘装或回汉混合装。艺术价值最高的侍女供养像应数榆林窟第 16 窟甬道北壁曹议金夫人甘州回鹘天公主供养像身后的三身，在这之中最靠前的一身女供养像的发髻与莫高窟第 98 窟中的持花女供养像的发髻一致。此外，此类回鹘天公主脸颊、面部均装饰以花钿、面靥。具体而言，花钿是一种额眉间的妆饰，面靥是施于面颊酒窝处的一种妆饰。这并非回鹘风俗，而是汉地独有，唐朝的仕女画中常能见到女子间流行这一装饰。由于汉地文明的辐射，到唐代中后期，经济文化较为落后的敦煌一带也十分盛行花钿、面靥一类妆饰。因此，也就不难解释为何回鹘天公主的脸上装饰有花钿和面靥。图像足以证史，回鹘天公主供养像证实胡汉两种文明在冲击碰撞中不断走向融合，这不仅是当时少数民族贵妇受到汉文化浸染的例证，也从侧面佐证了曹氏家族与甘州回鹘部落持续联姻这一史实。

综上所述，在细致梳理五代时期曹氏归义军祖孙三世与回鹘联姻，可以归纳出以下结论：大批身着回鹘服饰的天公主供养画像出现在曹氏赞助的石窟中，彰显出其家族中女主人的地位。而此类回鹘天公主的图像独树一帜，又是各民族文化交融的产物，在回鹘习俗的基调上，这些天公主往往两颊涂脂粉、面部贴花钿，一派汉族女子的风情。当然，回鹘服饰有其可取之处，因此也在潜移默化地影响汉族服饰的发展，回汉混合装逐渐受到五代时期敦煌地区贵族妇女的推崇，成了这一时期的时尚服装。

二、陶器工艺与现代陶艺概述

瓷器是中国古代的一项伟大发明，由商代的原始青瓷再到大唐盛世的"邢白越青"两大窑系，"北白南青"的格局得以确立。与此同时，雪花釉、纹胎釉、釉下彩瓷以及贴花装饰等新品类的出现，使得瓷器的品种大大拓展。宋朝的陶瓷业走向鼎盛，在经典的青、白两大瓷系之外，还有黑釉、青白釉、彩绘瓷等。闻名遐迩的汝、官、哥、定、钧五大名窑的作品备受追捧，耀州窑、湖田窑、龙泉窑、建窑、吉州窑、磁州窑的瓷器同样别出心裁。

元朝在景德镇设立"浮梁瓷局"，这里的工匠成功烧制出元青花、釉里红及枢府瓷。明代的官窑以景德镇"御窑厂"最为著名，永宣的青花和铜红釉、成化的斗彩、万历五彩等，皆为旷世奇珍，还有大量民窑用于出口。景德镇在清朝依然延续着中华瓷都的重要地位，较有代表性的瓷器是康熙时期创制的珐琅彩瓷、雍正时期的粉彩。但鸦片战争之后，由于国力衰败，中国陶瓷工业在西方大工业生产体系的冲击下，变得一蹶不振，直至光绪年间才稍有一点起色。（表1、表2）

表1　中国古代各时期的陶器

时　期	陶　器
夏商周	白陶、黑陶、彩陶
战国、汉、魏晋、南北朝	陶俑、原始青瓷
唐朝	三彩陶、白瓷、青瓷、长沙窑、花釉（唐钧）
宋朝	汝窑、定窑、钧窑、哥窑、官窑、龙泉窑、耀州窑、磁州窑、建窑、吉州窑、青白瓷
元朝	青花、釉里红、红绿彩、单色釉
明朝	五彩、斗彩、法华彩、德化白瓷
清朝	素三彩、珐琅彩、粉彩、单色釉、石湾陶、交趾陶、宜兴陶

表2 中国主要陶器的烧制工艺材料特点

陶器	图片	时期	温度	工艺材料	特点
红陶		黄河流域，距今8000年的裴李岗文化和距今5000年的仰韶文化、大汶口文化时期	900℃左右	主要原料是黏土，陶坯入窑焙烧时采用氧化焰气，使陶胎中的铁转化为三价铁，器表便呈红色	陶土比较纯净细腻，含细砂极少者，称为泥质红陶，主要作饮食器具和盛储用具。陶土中掺有细砂者，主要作炊具用，称为夹砂红陶
彩陶		仰韶文化	素烧在700℃—800℃，釉烧达到1000℃—1050℃	彩陶是在已经打磨过的平滑陶或素陶坯上，用自然的矿石颜料描画装饰纹样，再以赭石和氧化锰作为显色的化学制剂，放入窑炉内进行烧制	在橙红色的陶土素胎上显现出赭红、黑、白等颜色的素雅纹样，从而实现图案装饰与陶器造型的融合统一效果，经过装饰和美化的陶制器皿具有更高的艺术表现力
黑陶		龙山文化时期	在700℃—900℃	黑陶的陶土经过淘洗、轮制，胎壁厚仅0.5—1毫米，有"蛋壳陶"之称，表漆黑光亮，饮誉中外。这种现出惊人的技巧，这时期的黑陶以素面磨光的最多，镂带纹饰的较少，有磁纹、划纹、孔等几种	黑陶有细泥、泥质和夹砂三种，薄如纸，有"黑如漆"的美称
灰陶		新石器时代早期裴李岗文化遗址中已经出现	840℃—900℃，最高可达1100℃	坯体入窑以后，用还原焰焙烧，陶胎的铁氧化物还原为二价铁，使陶胎现出灰色	根据胎质的粗细及含砂与否，可分为泥质灰陶和夹砂灰陶。用于蒸煮的器皿，多为夹砂灰陶

陶器	图片	时期	温度	工艺材料	特点
白陶		龙山文化晚期，商代为鼎盛时期	在1200℃左右	用瓷土和高岭土为原料	白陶基本上都是手制，以后也逐步采用泥条盘制和轮制。器型多为生活用品，如壶、豆、簋等。其纹饰主要吸收青铜器的装饰纹样，如兽面纹、夔纹、云雷纹、曲折纹等。这种纹饰和浅浮雕。白陶的装饰往往分布遍布器物全身，构图严重而富于变化
硬陶		西周是印纹硬陶发展的兴盛时期	烧成温度比一般陶器高	其胎质原料根据化学组成分析，基本接近原始青瓷。因印纹硬陶所用原料含铁量较高，胎色较深，多呈紫褐、红褐、黄褐和灰褐色	印纹硬陶坚固耐用，绝大多数是贮盛器
釉陶，又称"铅釉陶"		汉代	低温	釉料中加入铅，可以降低釉的熔点，还可使釉面增加亮度、平正光滑。铜着色剂呈美丽的绿、黄褐等色，铜着色剂呈美丽的绿、黄褐等色，绿釉如翡翠，绿如翡翠釉为最多，但绿釉光彩照人	一般釉厚、胎质粗、瓷器薄，胎质细，声音辨别釉陶沉闷，瓷器清脆。釉陶吸水性强、瓷器吸水性差

"现代陶艺"概念在 19 世纪中期以后的资本主义世界率先出现,它以日本的鉴赏陶器(强调审美功能,而非作品本身的实用性)和美国的陶瓷艺术为先导,在现代精神引领下,艺术家将个人特有的精神气质、审美观念和现代技术手段贯通起来,创造出富有批判特质的陶瓷艺术作品。现代陶瓷艺术的内涵与外延,伴随时间的推移不断演进,它是一种随历史状况改变而转换的概念。20 世纪 50 年代之前的陶瓷艺术在保持器型的前提下,强调审美、装饰的性能;而在这以后的陶瓷艺术打破了外在的具体形式,转而关注自身内在的表现性、物质性和抽象性,同时又兼具反思性和批判性,显现出更为自由的形态。作为现当代艺术形式的现代陶艺,具有明确的自我意识和反思精神,而现当代陶艺创作重视现代社会与现代人之间的情感关联、个人的自我存在,以及利用艺术作品传达观念的文化价值,它的外延形式涵盖容器陶艺、雕塑陶艺、装置陶艺、壁画陶艺等。

　　陶器艺术不仅仅为了满足人们生活上的需要,更强调艺术美价值。在现代生活中,更强调主观意识和自我情感的表现。艺术家在"冷静地观察自然,反映社会现实"之外,也蕴含着自身的政治立场和个人的主观情绪。在不同的国家及社会环境之下,个性迥异的艺术家所创作的作品显然呈现不同的艺术面貌。当代艺术运用陶器这一具有广泛基础的艺术载体,通过深入发掘传统文化中艺术元素,并结合现实内容,创造新的艺术样式或面貌,不仅将传统艺术文化发扬光大,而且成为具有中国典型元素的艺术样式,成为时尚。如何寻找恰当的载体将中华传统文化元素符号与当下艺术实践结合,是艺术家要思考的永恒课题。

三、中外美术史中的艺术融合及创作实践

（一）建筑与绘画的融合

古希腊神庙有三种基本的圆柱形式，分别是多立克式（Doric）、爱奥尼克式（Ionic）和科林斯式（Corinthian）。多立克式是强健的、朴素的和粗壮的，圆柱柱身是粗大的（其高度仅有底部直径的四至六倍）并直接立于基座上。爱奥尼克式是比较纤细的和华丽的，柱身细长（柱高是柱底直径的八至十倍）并立于精心制作的柱础之上，柱础至少由两层凸圆的部分组成。爱奥尼克式柱头依曲线从上方向左右两旁卷缩成涡旋形饰（亦称涡卷饰）并用顶板盖住柱头，顶板托住框缘，框缘常常分成三层水平的带条，与下面的三层台阶形成微妙的对照。（图6）

在中国，自东汉起石雕和石建筑便在陵墓建筑中被广泛应用。石表亦称神道柱，原为木制，置于神道前端。1964年6月，在北京市石景山出

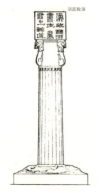

图6　古希腊神庙三种基本柱式
左：多立克式（雅典卫城巴特农神庙）
中：爱奥尼克式（雅典卫城胜利女神庙）
右：科林斯式（雅典宙斯神庙）

图7　北京西郊东汉秦君墓墓表立面（左）、
江苏南京萧景墓墓表（右）

土的"汉故幽州书佐秦君之神道"柱是现存最早的汉代石柱。从墓表的实景和结构立面可以清晰地看到，墓表的柱身借鉴了希腊爱奥尼克式的结构样式，与墓表顶部寓吉祥昌瑞，表示守卫之意的石兽巧妙、完美地融合在一起。（图7）

（二）中国传统纹样的相互渗透及运用

传统纹样不但是我国原始艺术的延续，亦是中华民族的母体艺术之一，兼具原始艺术的实用性和美学价值。中华传统纹样创建在人类原始造物技艺的基础上，经由各民族的不断改良，而得以传承发展。中国传统纹样一直被看作中华传统文化的外在表现，从原始氏族社会的稚拙图案，到奴隶社会古朴、粗犷的青铜器纹饰，再到封建王朝统治下复杂多变、细致灵巧的图案装饰，全都凝结着中华民族古老的智慧，体现着每个时代的社会审美观念。纹样贯穿于中华民族历史的始终，但它的结构又是独立的，纹样的美是共享的。同一种纹样通过不同材质媒介得以传播，与各种媒介物相映生辉。

回纹是从传统雷纹演变而来的一种几何形纹饰，在我国民间被视为一种寓意吉祥的传统图案。因其百转千回，延绵不绝，俗称"富贵不断头"。由于其构成形式是水平和竖直的线条反复折绕的方形或圆形回环状花纹，形状类似于"回"字，故称为回纹。回纹形式以单体间歇分布为主，或以一正一反的样式连接为对，也有连贯的带状样式。原始回纹是早期人类受自然现象启发而创造出来的抽象图案，主要用于青铜器和陶器或简单或繁复的装饰上。回纹的装饰方法主要有彩绘、雕刻、模印等，其中马家窑文化马厂类型的陶器是最早出现回纹装饰的器具；商朝中期，回纹在灰陶器的装饰中盛行一时，商周时期的原始青瓷和青铜器上也能见到大量的回纹装饰。宋朝崇尚"复古"的风气，此时的回纹仅作为陶瓷器物的辅助装饰图案，常见于碗、瓶等器皿的口沿和颈部。古代的吉州窑、定窑、耀州窑、磁州窑等窑中均运用这一装饰图样。例如，景德镇窑烧制的瓶、罐、盘、碗、洗、炉、枕等器物的边饰中大量应用回纹。明朝和清朝制造的织绣、地毯、木雕、瓷器、金钉和建筑装饰中，极易见到回纹样式，不过大多以边饰和底纹为主。因为回纹图案自身连贯、规整、延绵不绝的形式，常被后人赋予事事顺利、延绵不绝的祥瑞含义。在殷商、战国、宋朝至明朝、清朝历代，回纹的实际应用均体现出几何形装饰纹样的独特美感。（图8—图10）

图 8　传统回纹

图 9　回纹的变形组合（左）及宋代陶罐上
　　　的回纹（右）

图 10　玉器上简笔组合型的回纹（左）及回
　　　　纹在现代灯饰中的应用（右）

故宫博物院珍藏的宜兴紫砂器，也体现了不同时代、不同材质和工艺的融合与运用。紫砂胎与雕漆进行融合，雕漆在紫砂壶上起点缀作用。烹茶图御题诗句壶刻印乾隆七年（1742）所作御题诗，让绘画、书法与印章在壶上成为一种装饰符号。黑漆描金吉庆有余纹壶，在保持紫砂内胎实用功效的前提下，加以黑漆描金纹饰，使之更为华丽精巧。（图11、图12）

　　在中华民族伟大复兴的征程上，我国经济高速发展和社会文化繁荣的前提下，艺术设计创新融合的速度越来越快，公众对艺术观念的理解越来越深入，进而对艺术设计产品的需求越来越期待，极具代表性的中国元素青花瓷纹样开始在服装面料设计中运用。在时尚界，中国传统元素逐渐风靡于国际时尚舞台，也得到了众多名媛和时尚博主的追捧。精心剪裁的西式服装样式与具有古典东方雅韵的青花图案融合，显现出五千多年华夏文明深厚的底蕴。时至今日，传统纹样仍然被大量应用并

图11　明万历紫砂胎雕漆提梁壶（残，左）与清乾隆烹茶图御题诗句壶（右）

图12　清乾隆黑漆描金吉庆有余纹壶（左）与吉庆有余纹样（右）

图 13　沉稳、古朴的青花纹饰时装,呈现一种内敛却不失华贵的文雅

延伸至新的领域,甚至创造性地运用到新产品中。时代赋予传统纹饰以新的内容和生命,同时也为现代商品的设计增添一抹别具特色的东方文化意涵。(图 13)

(三)西方版画中的透视法和排线法在早期苏州桃花坞木版年画中的运用

清朝乾隆初期的年画作品,在雕刻工艺上推陈出新,画工先用单线刻凿出人物形象(风格如传统木刻年画),再用雕版套色或彩笔填色的技法上色。这无疑仿照了西方铜版画的印制方式,不仅画中对象的衣饰具有明暗变化,屋宇城楼有向阳背阴的立体感,仿佛排刀所刻,精妙绝伦,非明末版画可比。如近大远小的焦点透视法,过去版画中亦很少采用。而在苏州桃花坞年画中,此种方法不仅出现在风景名胜图中,并且也出

现在一些小说故事内容的画面中。例如,《全本西厢记图》上题有"佳人才子本同心,偶尔相逢胶漆深。总之一段奇缘事,笔底全凭传出神"。末题"仿泰西笔意"五字,表明绘画技法采用的是西方常用的笔意刀法。这一画法是当时宫廷画院中崇尚这一新形式的具体表现。清朝嘉庆年间的翰林院编修胡敬在《国朝院画录》中曾提道:"海西画法善于绘影,刻析分寸以量度,阴阳向背就影之所著,即设色,分浓淡明暗焉。"这一塑造画面明暗透视的绘画技法与苏州桃花坞木版年画的工艺技法十分契合,也是当时非常盛行的一种绘画形式。其来源可远溯到明代,意大利人利玛窦(Matteo Ricci)到中国传教时,曾带来许多西洋贡品,包括西方的油画作品。清代,很多西洋画家以画师的身份被留在如意阁,如意大利传教士、画家、建筑家郎世宁(Giuseppe Castiglione),法国画家王致诚(Attiret),波希米亚画家艾启蒙(Sichelbarth)和意大利画家安德义(Damascenus),他们四人在清廷并称"西洋四画家",并逐渐在中国形成一种新的画风,对当时的中国传统绘画产生极大影响。这种画法在当

图 14　丢勒的"圣经"插图

图 15　清苏州桃花坞"撕扇子作千金一笑"（左）、"琉璃世界白雪红梅"（右）

时也被民间画工所吸收，如苏州、北京等地画工绘制的"西湖景"皆采用西方焦点透视法，确如邹一桂所说"令人几欲走进"。（图 14、图 15）天津杨柳青年画受其影响更深，唯明暗阴影常用彩笔晕染，不用雕版来体现，别有意趣。

四、榆林窟第 16 窟天公主服饰纹样在宜兴陶器中的融合创作实践过程

通过对榆林窟第 16 窟的相关文献进行梳理，借鉴中外建筑、版画、时装等各领域艺术融合创作经验，笔者尝试将榆林窟第 16 窟天公主服饰纹样与宜兴陶器融合进行创作实践。具体步骤如下：

（一）天公主服饰纹样在陶艺设计中的应用整体实践步骤图

围绕"天公主服饰纹样在陶艺设计中应用"创作实践，进行整体布局与规划，根据创作路线图有计划有步骤实施。（图 16）

（二）从榆林窟第 16 窟回鹘天公主供养图像中复原的天公主人物线描图

临摹榆林窟第 16 窟回鹘天公主供养图像，以线描方式复原天公主人物。（图 17）

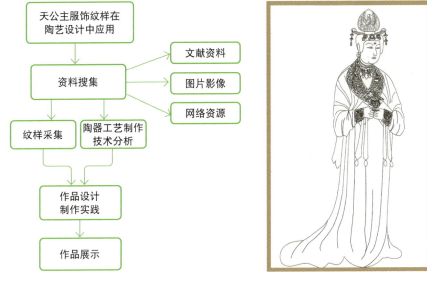

图16 创作实践路线图

图17 榆林窟第16窟回鹘天公主供养像线描图

（三）复原的回鹘天公主桃形凤冠纹样、衣领纹样、衣袖袖口纹样

细致临摹描绘，重点复原回鹘天公主桃形凤冠纹样、衣领纹样和衣袖袖口纹样。（图18—图20）

（四）从回鹘天公主桃形凤冠、衣领、衣袖袖口中提取纹样

分别拷贝回鹘天公主桃形凤冠纹样、衣领纹样和衣袖袖口纹样，使之形成独立的图案。（图21）

图18 回鹘天公主供养像桃形凤冠原图（左）、复原线描图（右）

图19 回鹘天公主供养像衣领纹样原图（左）、复原线描图（右）

图20 回鹘天公主供养像袖口纹样原图（左）、复原线描图（右）

图21 天公主冠纹（左）、衣领纹样（中）、衣袖袖口纹样（右）

146

图 22　天公主服饰纹样与宜兴陶器融合后的电脑效果图

（五）天公主服饰纹样与宜兴陶器融合设计思路

　　陶器器型设计以简洁、朴实为主，不宜太复杂，重点突出纹样，切合与纹样在时间岁月上的"久"。在陶器制造工艺上要能透出"粗糙"的肌理，返璞归真，纹样采用传统的描金工艺，突出纹样的贵气与精致，整体形成"粗与细"的对比。（图 22）

　　本作品以宜兴地区紫砂泥作为陶器的材料。紫砂泥公认有以下优点：

　　（1）可塑性强，易于造型。以紫泥为例，其液体极限为 33.4%，塑限 15.9%，指数 17.5%，可以根据工艺需要加工成各种尺寸、形状的陶器物品。因其良好的黏附性，在制作生产过程中，也不会黏在制陶工具和制作者的手上。

　　（2）紫砂泥的干燥收缩率小。紫砂陶器由泥坯成型至烧制成功收缩率大致为 8%，具有较大的烧制温度界限、较低的变形率以及耐适高强度的生坯，造型轮廓线条规形严整而不易扭曲。

（3）可以独立地制成陶器。成品陶器具有两种不同的气孔结构：一种是封闭的闭口气孔，它是聚集在陶器内部的气孔；另一种为张开的开口气孔，是包裹在陶器团聚体四周的气孔群。因此，紫砂陶土的透气性十分优异。

用紫砂泥烧制的紫砂陶器，表面光滑且富有光泽，随着使用时间的增长以及把玩时间的累积，其表面会逐渐散发暗淡的光泽，这一特殊变化是其他质地的陶土不具有的。但是本作品要做到器物表面有肌理效果，也算是在紫砂器中的一种工艺突破和创新。

（六）传统拉坯、烧坯

传统拉坯技术在预备阶段需要揉搓泥团，即将泥团放到所用车面的中心位置，当机器开始旋转时，手工艺者利用手腕和手指的反作用力量将泥团夹在圆心中间，再以双手反复揉捏泥团，向垂直方向进行推拉，这样可以基本排出泥团里的气泡。在完成上一阶段以后，手工艺者往往又会采用雕、琢、刻、划等工艺方式进行基本造型，并在其基础上以捏、粘、贴、捺等手法丰富作品的局部细节，进而展示设计装饰感。本作品用电窑烧坯，素烧温度控制在 750℃—800℃，需要 7 小时。传统陶器的配釉原材料基本采自天然矿石，因此很难确保原材料的纯净度，其中掺杂着大量不知名的化学元素，所以在高温烧制的情况下，容易产生无法控制的变异因素，从而导致"窑变"的发生。"窑变"是一种无法轻易预料，也很难复制再现的特殊情况。传统釉烧温度控制在 1000℃—1200℃，需要 24 小时。（图 23—图 25）

（七）拷贝纹样、描金、窑烧

把榆林窟第 16 窟回鹘天公主服饰纹样黑白线描稿放大，拷贝到陶器

图 23　宜兴地区的紫砂泥（左）、作者在拉坯（右）

图 24　传统拉坯工艺（左）、器物成型（中）与传统修坯（右）

上，再用 100% 调制好的纯金粉，描画到陶器上。最后以温度 900℃，经过 24 小时窑烧而成。(图 26)

　　泥、釉、火是成功烧制陶器的三大核心要素。如果制作者不能较好把握泥团与釉料的收缩系数(膨胀系数)，陶器、瓷器便会产生裂纹，乃至釉面脱落，变成废品。不过，有些高明的手工艺者也会刻意利用这一现象变废为宝，如传统的开片釉就是基于这一原理的成功制造。这一特殊的视觉效果也赋予陶器一种奇异的美感。

图 25　电窑(左)、手工涂釉(中)与釉烧(右)

图 26　传统描金工艺

图27　作品整体陈列效果

（八）成品展示

经过各种工序最后完成作品，器型的简洁，材质的肌理颗粒与纹样形成对比，体现质朴与精致的美。（图27）

五、结论

中国自古讲究推陈出新，将创新建立在传统资源的土壤之上。艺术风格上任何外在的变化，例如外来艺术传入中国，其实都是在经过艺术内化过程后才能生效。而艺术的持续内化过程，势必会触及历史情境中的某一社会属性。换言之，随着历史的推移与社会进步，艺术家所要考虑的不仅是风格层面的艺术创新和延续传统的问题，也应涵盖艺术和社会中其他成员的交流、互动关系。只有在社会文化与大众审美的参与中，艺术家的创作影响了美学风格，唯有如此，艺术家的主体性才能凸显，他们的艺术作品才能被正视。

本文以榆林窟第 16 窟回鹘天公主历史与文化研究及其服饰纹样特征作为起点，阐述了榆林窟的形成与艺术形制，对回汉艺术的融合进行了回顾，特别是针对回鹘天公主研究其文化交融的历史背景，进而形成了回汉混合装的分析。与此同时，阐释了我国陶瓷工艺史及宜兴陶器工艺特色，并以中外艺术史中的融合展开分析，分别以古希腊爱奥尼克柱式在中国墓表形制中的运用、中国传统纹样的相互渗透及其运用、西方版画中的透视法和排线法在早期苏州桃花坞木版年画中的运用、青花瓷纹样在现代时装设计中的运用、不同材质和工艺在宜兴茶壶上的融合与运用，充分论证了源自古今中外建筑与绘画融合的依据，肯定了艺术融合是推动艺术发展的力量。

无论艺术的外在形式具有怎样独创性与先锋性，其思想内核驻留着一份关于传统的坚守。现代设计只有根植于本土文化的土壤，让传统韵味与现代审美并存，才能为传统装饰纹样的传承与创新提供新的参考思路与视觉设计方案。传统艺术的再度融合过程中，既丰富了中国传统艺术的文化内涵与艺术功能，亦有力地证明了榆林窟第 16 窟回鹘天公主服饰纹样与宜兴陶器设计艺术的融合与创新，具备明确、积极的指向性。中华传统艺术与现当代设计创新的结合,不仅是我国文化战略的重要手段,也应成为我国文艺工作者的自觉意识。在中华优秀文化复兴传承的道路上,传统与现代艺术观念的融合与碰撞,在形式语言的界限内蕴含着丰富的视觉思想和学术内涵。从文化层面看,中国传统艺术以融合的方式实现了传统文化艺术的现代转型,在发掘传统的同时,也为艺术家的创新提供了与民族身份相匹配的素材,让其在崭新时代浴火重生;以艺术视角分析,传统艺术视觉表现的新形式能够与时代相契合,正在以一种全新的视角重塑当代人理解与感受世界的方式,传统艺术以一种旺盛的生命力直面日新月异的世界。中国艺术审美蕴含的美学价值必将成为设计思维的全新起点,对丰富创作语言、推动文化自信起到重要而深远的作用。

注释

1　敦煌研究院编：《榆林窟研究论文集》（上册），上海辞书出版社2011年版，第168页。

2　向觉明：《莫高榆林二窟杂考》，转引自李浴《安西万佛峡（榆林窟）石窟志》，载敦煌研究院编《榆林窟研究论文集》（上册），上海辞书出版社2011年版，第3页。

3　罗寄梅：《安西榆林窟的壁画》，载敦煌研究院编《榆林窟研究论文集》（上册），上海辞书出版社2011年版，第81页。

中华传统文化符号的数字化表达
——基于 3D 打印旗袍的探索

　　什么是"中华文化元素"？简而言之，任何一种被中国人以及海外广大同胞接受、彰显中华民族传统文化精神，并且具有鲜明文化印记的形象、标志及地方风土人情，都可以看作"中国的文化要素"[1]。中华民族五千多年的历史使我们拥有数不胜数的文化瑰宝，最具代表性的元素有书法（甲骨文、汉简等）、篆刻、木版水印；民歌及二胡、古琴、琵琶、笛子等乐器；彩陶、瓷器、景泰蓝；中药、中国菜；丝绸、旗袍、汉服；长城、长江、黄河……当然，另外还有各种各样的中国传统节日和带有民族特色的礼仪、习俗。

　　文化是民族的血脉，也是人民的精神家园，中华传统文化符号是中华传统文化的缩影，归属于中华民族的文化遗产，对促进文化自信，推进中华民族伟大复兴，具有不容忽视的价值和意义。首先，中华传统文化符号都有特定时代的烙印，它所蕴涵的时代精神和伟大民族信念，是其本质价值的核心；其次，中华传统文化符号因为极强的象征性而具有多重价值，并传达出积极、正面、普遍的精神需求；再次，回望中华传统文化符号的产生过程，可以发现，无论归结于对客观世界的效仿，还是判断其为抽象观念的诠释，都在形式上呈现宏大的视觉美学意义；最后，回归中华传统文化符号的实际效用，其辨识度与连接民族公共认知的作用是不容忽视的。

一、作为中华传统文化符号之一的旗袍

旗袍作为中国标签化的文化符号产品，它的辨识度已经直接决定了它的影响力。中国女演员在出席国际活动时，常常被错以为是韩国人或者日本人，但当她们身着旗袍亮相时，不需要任何解释，就足以凸显中国人的身份。旗袍，是民族文化的合一，中西文化的合一，传统与时尚的合一。可以说，旗袍被视为中华传统文化的代表这一观念已经根深蒂固，潜移默化地在意识形态的深层左右着中国人的穿衣方式。

旗袍从清代满族袍服演变而来，经历了百年的演进发展，已不仅仅是一种服装形式的变化，更是一种文化的发展与成熟。20世纪30年代是近代中国女装最光辉灿烂的时期，旗袍更是蔚为大观，最终在中国女装的版图中占有举足轻重的地位，成为一种经典范式。在此期间，旗袍的形式结构跟随时尚不断变化，最主要的变化集中在下摆的长度、领的高

图1 改良后的生活旗袍

图2 时尚化的"金枝玉叶"旗袍礼服

低、纽扣的数量、开衩的高低等方面，近乎月月更新。借助旗袍这一展现中国女性高挑身姿的国粹服饰，把东方女子半遮半掩的传统美感表现得淋漓尽致，慵懒之中带着一份与生俱来的高贵，流泻着孤傲柔美的气质。平心而论，旗袍形制规格的千变万化构成了其永恒的吸引力，传承自古典时代的典雅与现代的时尚美学理念本质上是相通的。基于这一意义，旗袍已成为中华传统文化的古典造型代表，作为一种被不断赋予新意义的服装样式，它对当代时尚界产生了巨大的冲击，国内外的设计师纷纷从旗袍中汲取灵感，致力于创造出一种全新的东方风格。（图1、图2）

二、3D打印传统文化符号的意义

对中华传统文化符号的传承创新，离不开科学技术的支撑。现代与传统的融合，文化与科技的融合，商业价值和传统精神的融合，需要的是一种综合性、全面性、融合性的处理方式和思维方式。从根本上说，设计

就是艺术与科技融合再创造的衍生物，它是基于某种科学技艺原理而产生的具备审美性和实用性的产物。

随着信息技术的发展，对中华传统文化符号的搜集整理、保存保护、发展和振兴都离不开数字化技术低成本、高效率、可扩展的应用。被誉为"第三次工业革命的重要标志之一"的 3D 打印技术，是一项具有工业革命意义的高新制造技术，代表了世界制造业的新趋势，生产制造方式由传统的注射成型和减材制造，创新成增材制造。3D 打印技术在艺术设计领域的应用，不但变革了艺术的媒介和承载形式，而且进一步拓展了公众与艺术之间的交流通道。3D 打印旗袍，通过 3D 打印机的快速立体制造，立即分享个性化的小批量产品，不仅助力中华传统文化符号产业化，也为开拓艺术衍生产品添砖加瓦。

当今大众的消费观念相较以往已经产生极大的变化，不再局限于对传统物质商品的消费，逐渐转向多元消费，如个性化产品定制和服务性消费转变。在虚拟服务中，社会化设计（Social Design）早已存在，可以持续为使用者提供特性化、区别化的用户体验，但因为社会生产力和生产关系的制约，在实际生产中很难真正达成社会化互动，也不足以应对消费者对产品多样性的实际需求。3D 打印技术的成熟，使得私人定制与小规模少量生产不再难以企及，对于艺术品个性化设计至关重要。3D 打印技术实现了定制化的小批量的技术流程模式，建立了视觉艺术品的生产技术新模式。传统文化符号转化为艺术产品，不仅增加社会效益，也扩大和传播了中华传统文化影响力，推动中国视觉文化的传承与振兴，提高中国视觉文化在艺术与科技领域的持续创新能力。

三、3D 打印技术简史

3D 打印即快速成型技术的一种，俗称"增材制造"（Additive Manufacturing，AM）。它是一种以数字模型文件为基础，使用塑料或者粉末状金属等可黏合材料，通过逐层打印的方式来构造 3D 实物的技术。通过软件对 3D 模型进行分层切片，得到各层截面的轮廓薄片，将这些薄片逐步按顺序叠加堆积成三维实体。

3D 打印的概念起源于 20 世纪末的美国。1986 年，美国科学家查克·赫尔（Chuck Hull）开发了第一台商业 3D 印刷机。1995 年，美国 ZCorp 公司从麻省理工学院获得唯一授权并开始开发 3D 打印机。2005 年，市场上首个高清晰彩色 3D 打印机 Spectrum Z510 由 ZCorp 公司研制成功。2010 年 11 月，美国 Jim Kor 团队打造的世界上第一辆由 3D 打印机打印而成的汽车 Urbee 问世。基于互联网三维数字化技术的不断进步，随着 3D 打印机喷头显著进步，所用原材料范围不断扩大，英国巴斯大学推出了 DIY 式 RepRap 三维打印机，将 3D 打印机普及化，使其如同计算机一样家喻户晓，风靡全世界。

3D 打印是数字化技术、新材料技术、光学技术等多学科融合发展的产物，在制造技术领域最大限度满足了社会个性化和多样化产品需求。3D 打印技术凭借其数字化精准化的打印能力，表现出巨大的应用潜力，在汽车工业、航天航空、生物医疗、建筑设计、文化创意甚至食品生产等日常领域获得广泛应用。只要能想象出来的东西，增材制造几乎都能打印出来。为此美国麻省理工学院专门开设了一门3D打印课程"如何制造任何东西"，学生在具备三维打印设备和激光切割机等装备的实验室里能随意设计和制造产品。

在设计领域，3D打印技术使艺术从设计到制作都变得数字化，高精度的增材制造技术设备替代传统的手工制作方式，打破了造型空间想象和设计形态的制约，可以制造许多异形建筑模型。在首饰设计过程中，首饰的外形复杂度不再受到限制，完全可以根据客户的需求进行定制化生产，细微结构的制作更加精良。耐克公司利用激光选取烧结技术制造新款足球鞋，这款球鞋被命名为 Vapor Laser Talon，重量仅为158.8克，减轻了球员的脚部负重。设计师在几个小时内就做出原型鞋款，而不是以往的数月之久。通过3D打印这个数字化技术平台，它让设计拥有了数字化的大脑，催生出更别致的设计创意，给予设计师更广阔的创作灵感与发展空间，设计创意众多优秀的3D打印作品。（图3）

图3　3D打印的大象手机支架

四、3D 打印旗袍设计实践

（一）旗袍款式和模特造型设计构思

在设计 3D 打印旗袍时，可以萃取传统旗袍中经典元素：立领、斜门襟、盘纽、收省、开衩。除了保留旗袍这些标志性的元素以外，将中国传统纹样中代表吉祥的"团纹"使用在旗袍衣料的图案上。

本款旗袍在款式造型上的设计特点是改变了开衩位置，传统旗袍下摆开衩在前后衣片接缝处，即靠近左右腿部两侧。本款旗袍开衩设计在旗袍前衣片下摆处，不对称的下摆弧线造型，在开衩之处用"长脚扣"装饰点缀，与衣领斜襟的曲线及长脚衣扣遥遥呼应。配以 8 个身高标准的人体模特儿造型，模特儿型、模特儿动姿造型都以现代审美来定型，既保留了传统旗袍严谨、端庄、秀美的内涵，又有改良变化设计，是古典与现代的融汇，也是对东方情愫及精神世界最好的诠释。

（二）制作 3D 模型

获取 3D 模型有两种方法：

一是 3D 扫描，实现物理对象数字化。使用 3D 扫描仪从物体表面收集数据，然后使用扫描软件将点云处理（或重建）成对应的 3D 表示法。也可以使用手机或数码相机拍摄图像，然后将这些图像转换成 3D 模型，使用网格修复软件进行调整。这种方法多用于对已有物体的复制，如在文物保存复制等领域应用较多。

二是用软件设计建立 3D 模型。一般产品开发和艺术设计作品创作都会使用这种方法。设计旗袍 3D 打印三维建模用的即是这一方法。有了旗袍和模特儿造型创意构思后，使用 ZBrush 数字雕刻和绘画软件进行 3D 建模。ZBrush 可以说是一个极其高效的建模器，能够雕刻高达 10 亿多边形的模型，可以做到完美地刻画旗袍人物和服饰细微之处。（图4—图11）

图 4　ZBrush 雕刻软件

图 5　ZBrush 建立人体模型

图 6　雕刻人体模特儿着旗袍基本框架

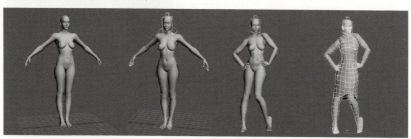

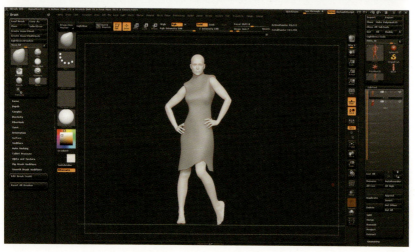

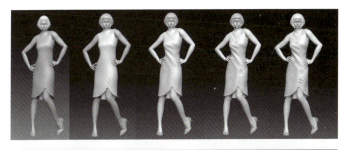

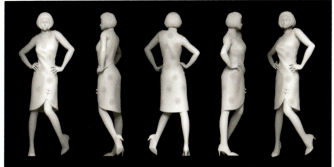

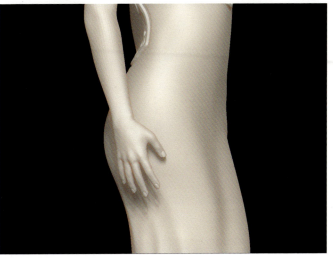

图 11　ZBrush 设计制作清朝旗袍 3D 模型

（三）3D 旗袍模型导入 MakerBot

3D 旗袍模型设计制作完成后，导入 MakerBot 打印软件中，用 MakerWare 软件缩放模型，调整模型大小尺寸及方向，在打印前设置 MakerBot 打印需要的温度、精度等一些参数，转换为 STL 文件格式保存。（图 12—图 15）

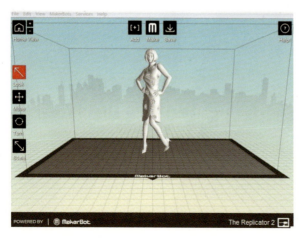

图 12　3D 旗袍模型导入 MakerBot
　　　　调整打印尺寸

图 13　设置 MakerBot 打印温度

图 14　选择 MakerBot 打印精度

图 15　选择 MakerBot 打印材料

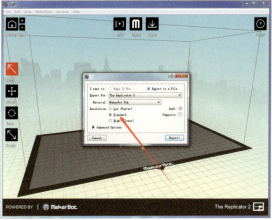

（四）打印3D旗袍模型

1. MakerBot 3D打印机

3D打印机种类繁多，工业用的打印机价格少则几万，多则几十万美元。本次实践用的是MakerBot的第四代产品MakerBot Replicator 2桌面3D打印机，属于普及型打印机，价格比较亲民，它具备100微米的打印精度，410立方英寸的打印体积。（图16、图17）

2. 打印使用材料：ABS和PLA

ABS（Acrylonitrile Butadiene Styrene，丙烯腈、丁二烯、苯乙烯）就是制作LEGO玩具用的热塑性塑料，一种非常耐用的热熔材料。在

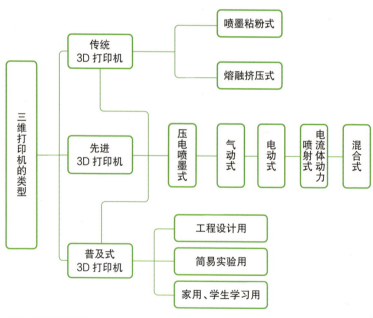

图16　3D打印机的类型

105℃左右开始软化。我们生活周围很多产品都是用 ABS 制成的，如一些运动器材、大部分汽车内饰，等等。当它呈现胶黏状时，就能轻松挤压从机喷嘴中流出，非常适合于 3D 打印。

PLA(Polylactic Acid)是聚乳酸的缩写，是一种生物聚合塑料，从玉米淀粉、蔗糖中提炼出来的一种可生物降解的物质。PLA 在加热时的味道有点像枫糖浆。它的熔化温度比 ABS 高，约为 150℃。

打印 3D 旗袍模型使用的是更加环保的 PLA 材料。在实践过程中发现，PLA 材料保存需要比常温更干燥的环境，受潮之后的 PLA 材料在打印中容易发生断裂。

3. 3D 打印过程

MakerBot 的 3D 打印工作在设计文件指令的导引下，从 3D 模型开始，达到一定温度后，热熔丝塑料会软化，变得柔韧。3D 打印机用挤压的方式把热熔丝从加热头挤出来，机器熔融塑料材料后，电动机非常精确地会将细丝引入，小巧的喷嘴将其加热到熔化，喷嘴的另一端即可挤出熔化的塑料，看起来像头发丝般超精细的丝线。第一层打印后，打印头会重新移动到第二层开始的位置，每层厚度远小于 1 毫米，打印出来的塑料材料立即冷却。一层层精确地描绘，逐层铺垫塑料材料。如此往复，最终累积成为结实坚固的三维实体。(图 18)

图 17　MakerBot Replicator 2 3D 打印机

图 18　打印 3D 旗袍模型

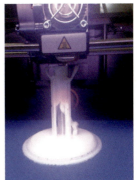

4.3D打印旗袍作品呈现

3D打印出来后的旗袍模特儿有较多辅助支撑的多余材料,需要经过手工打磨去除,打磨后就能呈现出理想的3D旗袍作品。(图19—图22)

五、3D 打印技术的优势及局限

(一)3D 打印技术的优势

1.工期短成型快

3D打印技术可以缩短产品开发周期。不仅化解了制作模具所耗费的时间成本的问题,也可以大幅缩短后续工作量。艺术设计的任何产品(包括雕塑设计、室内设计、建筑景观等领域的构思),均需经由概念设计、平面化设计、小样(泥稿)制作、后期调校、施工环节。而3D打印技术集合了软件设施和硬件设施,只需要一台计算机和一台高精密的3D打印机,使用者就能够省略大量的步骤。譬如在设计过程中,设计者无须通过下游工厂制作样品,而是打印模型,并以此为样品推敲产品是否构造合理。到了营销阶段,立体的打印模型更为直观,更易获得用户的青睐和认可。

2.提高设计的自由性

使用者只需在电脑上完成一个结构模型,就可以在日常环境下打印出终端产品,实现"自由创造"。在艺术设计中可以应用于工业产品设计、琉璃设计、首饰设计、服装设计、艺术衍生品设计等领域,以及应用于大

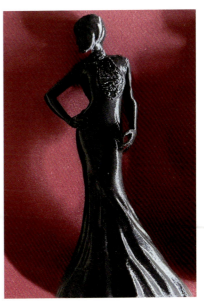

图 19　3D 打印旗袍成品（侧面）

图 20　3D 打印旗袍成品（背面）

图 21　3D 打印模特穿着旗袍成品 左：清代旗袍；右：现代旗袍

图 22　3D 打印完成的旗袍礼服

规模生产前的研发与设计验证及个性化制造领域。

3. 降低了新产品推向市场的风险和成本

如今大规模制造业是世界经济发展的支柱，制造业的创新风险极高，仅仅是规模限制、复杂性和实际物流压力就使创新具有一定的风险。大型制造企业在创新方面必须谨慎行事。制造业的核心就是减少营业成本，遵守环境和工作场所规定，并有效地将货物从一个地点运送至另一地点。3D 打印技术可以使很多小型制造商减少前期投入成本，一次仅仅生产几个样品以呼应客户的需求，然后扩大适销产品的产量。试举一例，欧美国家生产一个手机套如果采用传统的注塑模具，最少需要投入 10000 美元的模具费。这笔初期投入必须通过极大的销量冲抵，更重要的是，这种成本形成了"创新阻力"，使大体量的创意无法得到实践。就像进化论生物学家告诉我们的那样，大的突破性创新往往是由很多小创意组成的，而 3D 打印使很多小想法的尝试成为可能。借助 3D 打印，小公司或个人可以小批量地制造和销售某种未经测试的产品，先观察市场的反应，这样就降低了风险。通过 3D 打印技术，企业不需要像目前的制造环境一样，购买机械设备和基础设施开展新的投资。[2]

（二）3D 打印技术的局限性

3D 打印技术在实践中同样具有一定的局限性。首先要考虑的是成本问题。这一方式仅仅适用于生产个性化、私人定制及小批量商品，如果以其制作大众商品，不仅是资源浪费，也将带来生产成本过高的弊端，这在市场经济中是得不偿失的。其次是原材料的限制。3D打印所使用的材料大多是无固定熔点的，也就是非晶体或非晶体固态，因此需要研制各类熔点不同的原材料以适应不同产品的要求。

六、结语

设计是基于现存的原料、设备以及配套的技术手段的产物，是主观创造的产物。而不同国家或地区的服饰，其设计总会受到科学技术发展的影响。一方面，设计将新技术的"可能"设想转变为现实；另一方面，科学技术的进步与发展是服装设计得以实现的先决条件，亦是设计实体化的依托手段。

单纯复原传统服饰，似乎已不够满足今日的消费市场。旗袍作为中国传统服饰的代表，经历了数次文化的融合。从满、汉两族的融合，到思想解放运动下的改良，以及对西方文化的接纳，最终形成了京派旗袍与海派旗袍两大风格。如何适应现代的科技社会生活，并且最大限度地保留传统文化思想，或许是当代设计领域的重要议题。设计大师原研哉说，设计不是一种技能，而是捕捉事物本质的感觉能力和洞察能力，设计师要时刻保持对社会的敏感度。[3]

注释

1 周瑾:《中国文化元素在对外传播中的应用》,《对外传播》2008年第8期。

2 参见 [美] 胡迪 · 利普森、梅尔芭 · 库曼《3D 打印: 从想象到现实》, 中信出版社2013年版, 第4—64页。

3 参见 [日] 原研哉《设计中的设计》, 朱锷译, 山东人民出版社2006年版, 第6页。

虚拟现实技术与中国戏曲表演的融合探索

——以"适配真人的中国传统戏曲仿真表演系统研发"为例

2015年7月,国务院办公厅颁布了《关于支持戏曲传承发展的若干政策》。2017年,中共中央办公厅、国务院办公厅印发了《关于实施中华优秀传统文化传承发展工程的意见》,将传承和弘扬中华优秀传统文化作为长期开展的国家文化工程的一项重要举措。2021年6月发布的《"十四五"文化和旅游发展规划》也提出"坚持创新驱动"的原则要求。在政策的指引下,虚拟现实(VR)、增强现实(AR)、混合现实(MR)、人工智能、5G通信等高新技术逐步应用于舞台艺术,丰富了大众的视觉经验,拓展了艺术形式的表现领域,给予艺术创造以全新的诠释。

中国戏曲具有悠久的历史、独特的魅力和深厚的群众基础,是表现和传承中华优秀传统文化的重要载体。但随着时代的发展和科技的进步,传统戏曲却因为传播方式的陈旧,难以获得年轻人的青睐,其传承面临着极大的挑战。因此，如何借助 VR 技术，将传统戏曲与现代生活相结合，吸引更多受众群体尤其是年轻观众的关注，进而达到"活态传承"，是急需解决的现实问题。有鉴于此，本文结合文化和旅游部重点实验室资助项目"适配真人的中国传统戏曲仿真表演系统研究与开发"的开展（以下简称"该项目"），阐述 VR 技术与中国戏曲表演融合研究和探索（以下简称"戏曲 VR"）。

一、虚拟现实技术在演出艺术中的应用

VR（Virtual Reality）即虚拟现实，是近年来迅速发展起来的热点技术，沉浸式 VR 作为 VR 领域的一个子领域，可以使用户实际参与到由计算机创造的虚拟世界中去，通过使用交互设备让人们体验身临其境的效果。[1] 由于数字化媒体的爆炸式发展，VR 技术融入演出艺术已成为一种现实的潮流。美国堪萨斯大学（University of Kansas）虚拟现实探索研究所（The Institute for the Exploration of Virtual Realities）用 VR 及其衍生技术在戏剧制作和表演中进行应用研究，其代表作品《加法机》（The Adding Machine, 1995）被公认为第一部使用实时的、VR 布景的戏剧现场表演作品。[2] 2021 年，英国皇家莎士比亚剧团的虚拟戏剧《梦》（*Dream*）由数字工作室 Marshmallow Laser Feast (MLF) 创作。灵感来自莎士比亚的《仲夏夜之梦》，将现场表演与虚实混合多种技术相结合，打造沉浸式的表演体验。现场表演在一个动作捕捉工作室进行，大型

图 1 《仲夏夜之梦》演员在实时控制角色的移动

图 2 HTC-VIVE PRO 头显

174

LED 屏幕显示森林世界，帮助表演者定位自己和移动。观众观看由游戏引擎生成的直播，在某些时候，还能被邀请使用网络浏览器通过拍摄发光萤火虫进入与森林环境进行互动。而笔者谈及的中国传统戏曲仿真表演系统相较《加法机》，已取得长足进步。笔者研究实践的"戏曲 VR"案例是通过佩戴立体 VR 头显（Head-Mounted Display, HTC-VIVE）和动作捕捉技术与互联网，即能获得近距离、多视角、可交互的观演体验。由计算机生成一个舞台空间，表演者（观众）穿着动作捕捉设备，学习戏曲演员表演，然后自己演绎一段戏曲内容。（图1、图2）

在剧院中为演员表演提供空间的是舞台，它可以使观众的注意力聚焦于演员的表演并获得理想的观赏效果。苏珊·朗格（Susanne K. Langer）认为："舞台无论有无描述性布景，都为虚构的动作提供了一个'天地'，由于要把一个布景变成一个'场所'，舞台设计往往创造出一种造型幻象。"[3] 传统戏曲的呈现效果受制于此类舞台的空间限制，即便有精美的舞台设计，或者辅之以声、光、电结合的多元化舞美样式，也还是观演双方独立的意识感知，而这种人造幻象又不得不将观众隔

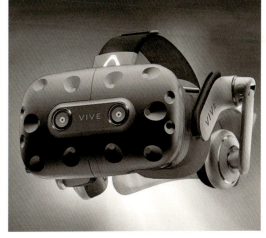

绝、排斥在舞台空间之外。媒介理论家马歇尔·麦克卢汉（Marshall McLuhan）也提出："我们正在迅速逼近人类延伸的最后一个阶段——从技术上模拟意识阶段。在这个阶段，创造性的认识过程将会在群体中和在总体上得到延伸。"[4] VR全景可视化应用改变和颠覆了千百年来的观看方式，成为实现上述意识观演体验的途径之一。在VR世界中，我们为传统戏曲创造了一个360度的虚拟舞台，体验者感受到的是自己站在"真实"的舞台空间中，获得全方位的沉浸感和"在场"感，凭借在虚拟现实技术中的"交互性"，体验者可以拉近与演员的距离，近距离欣赏演员的表演，清晰地观看到演员表情和表演细节，可以与虚拟的戏曲演员进行互动，模仿其表演，体验着"我即演员"的"真实"的舞台表演。通过VR技术的应用，使得原本单纯的观众变成了"参与者"，突破了现实世界中观与演的物理空间的局限和观演距离，在VR虚拟世界更加仔细地欣赏戏曲艺术的魅力。

二、问卷调研确定开发表演内容

中国戏曲内涵丰富，种类繁多，据不完全统计，中国各地区的戏曲剧种达360多种，传统剧目数以万计。其剧本、形式、角色、行当、音乐、唱腔、服装、化妆等各个方面带有规范性的表现特征。因此，有必要客观地认识受众对中国戏曲了解的程度和偏好，明确后续研究开发的内容。

在设定剧种表演及剧目内容之前，本项目团队开展了一次问卷调查。

问卷调查在线上和线下分别进行，线上有效填写 1162 人次，线下 209 人次。其中男性占 37.18%，女性占 62.82%；20 岁以下占 29.26%，21—35 岁占 31.41%，36—50 岁占 18.76%，51 岁以上占 20.57%；喜欢戏曲的占 55.42%，对戏曲不是很感兴趣的占 44.58%，经常欣赏戏曲的占 8.69%，偶尔听一听的占 74.61%，从不听的占 16.7%。在戏曲剧目或唱段选择中最多的是选择《贵妃醉酒》，其次是《牡丹亭》中的选段，这可能与平时大众媒体播放的频率和宣传有关。在"如果我们想进行戏曲初级知识科普，更希望通过什么方式接受科普？"这道题中，希望通过"互动体验"来了解欣赏戏曲的采访对象所占比重相对较多，约占 34.34%，其次是"影视剧植入"占 27.1%，动漫改编占 17.56%，路演及街头艺人展示占 11.1%，其他占 9.9%。

在随机问卷统计中发现，只有 37.01% 的人体验过 VR 技术，而剩余 62.99% 的人没有体验过，占了总人数的半数以上。可见，VR 技术在中国还没有真正发展起来，仍有很大的潜力可以挖掘。

在剧种选择上，考虑到昆曲是"百戏之祖"，具有完整的表演体系，也对地方戏曲产生了深远影响。京剧则是中国的国粹，是中国影响最大的戏曲剧种，具有高度成熟的程式化表演体系，从代表性、认知度和受众面等相关因素考量，该项目最终确定以京剧和昆曲作为应用剧种。在剧目的选择上除了符合大众审美，更重要的是要适合动作捕捉技术和数字动画制作技术的应用，结合技术难度的考虑，项目团队最后确定京剧《穆桂英挂帅》和《定军山》、昆曲《牡丹亭·游园》片段进行采集与开发。

三、戏曲 VR 的采集与视频拍摄

（一）动作捕捉技术

仿真表演系统开发和戏曲表演的数据采样都离不开动作捕捉系统。动作捕捉技术（Motion Capture）是把人体运动信息变成计算机能够识别的一项技术。它是借助光学传感设备记录在真实的三维空间中的人体运动轨迹，转化为计算机中的虚拟三维空间的数据。研发团队采用了诺亦腾 Perception Neuron 3 Pro 惯性动作捕捉设备，采集的戏曲演员穿

图 3　戏曲演员穿戴动作捕捉装备　　　图 4　男演员穿着动作捕捉装备表演京剧《定军山》

图 5　女演员穿着动作捕捉装备表演京剧《穆桂英挂帅》　　图 6　VR 采集昆曲《牡丹亭》片段现场

上动作捕捉设备，在演员的骨骼节点绑定传感器。被采集的人最好穿比较紧身的服装，这样捕捉到的数据便会更精准。动作捕捉跟踪戏曲演员每个表演动作，其运动轨迹在无线连接的电脑上实时记录着，再经过计算机处理为虚拟三维空间坐标的数据。有了这些表演数据后，就可以进行程序引擎开发。（图3—图6）

（二）虚拟现实视频拍摄

研发团队进行了多轮虚拟现实视频的采集测试，对前期拍摄采集硬件设备进行了优化处理，采用8K立体、50帧的标准进行视频采集；克服了VR拍摄设备移动机位的抖动，采用了Mistika、Scratch VR等软件的光流计算拼合，利用跟踪计算做画面的修补与擦除，在极端画面上也采用了人工手动和自动跟踪相结合的方式来确保画面的流畅度，并通过前期硬件与后期软件的稳定方案来消除运动中的抖动。（图7、图8）

图7　VR摄像机

图8　VR视频采集现场全景图（左）及正片（右）

四、仿真表演系统开发

（一）硬件设备

随着技术的不断迭代更新，本项目在硬件研究和实施过程中，将原来的 Kinect 体感捕捉和位移平台替换成惯性动作捕捉设备，解决了动作的流畅性和安全性问题；将操作触摸屏和 ipad 中控设备的功能合二为一，兼具中控和选择的问题；采用 HTC-VIVE PRO 2 头戴设备，拥有4896×2448 的组合分辨率，能够呈现更多细节。120 度的宽视角（FOV）扩大了整体视野，更好地匹配人眼视觉体验。摄像头使用罗技 C1000e4K 高清摄像头，拥有最高 4K、30FPS 的高清质量。动作捕捉设备诺亦腾 Neuron3 PRO，包含全身 17 个节点惯性传感器，支持手指动作捕捉，具有全新的软件系统以及全面开放的插件体系。（图 9、图 10）

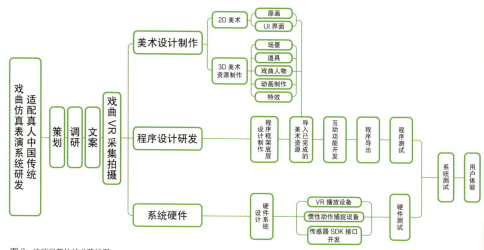

图 9　该项目整体技术路线图

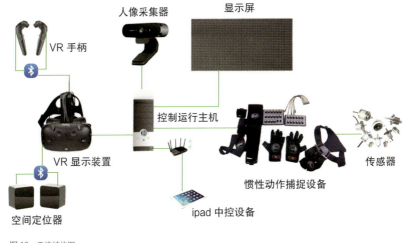

人像采集器　　　显示屏

VR 手柄

控制运行主机

VR 显示装置

传感器

空间定位器

ipad 中控设备

惯性动作捕捉设备

图 10　系统结构图

（二）系统软件开发

　　仿真表演系统软件的开发即开发一套戏曲 VR 体验软件，主要用于体验者进行戏曲的学习、角色的选择、头像的植入、表演过程的控制。软件采用 Unity 3D 引擎进行开发，系统接入能够嵌入体感和传感器系统 SDK 接口，可在大屏和头盔显示器上使用；程序模块含有材质替换模块、图案替换模块和视频替换模块等，能够实现戏曲模式的实时切换。

　　戏曲虚拟人制作是这套适配真人的中国传统戏曲表演系统软件的核心要素。戏曲人物的服装比一般人物要复杂得多，是技术上的难点。戏曲虚拟人制作之前，首先要确定这几个方面内容：角色戏曲虚拟演员的比例、身高、体重和体脂；角色戏曲服饰和道具的设计；角色标志性表情和动作的静态设计。技术团队经过多种软件结合应用才完成了三维模型制作。根据捕捉的戏曲演员表演的运动数据在三维动画软件中建立相应的戏曲演员模型。一开始先要制作人体基础模型，完成后导入服装制版软件 Marvelous Designer 进行服装打板和建立 3D 服装人体模型。初级人体模型（俗称"低模"）的制作一般会用到 Maya 或者 3ds MAX 软件，低模确立后，拆分 UV。中高级模型会用 ZBrush/TopoGun 等拓扑和雕刻软件，以 Photoshop/Substance Painter/Marmoset Toolbag 等软件

图 11　导入服装的戏曲演员人体模型

图 12　低模

图 13　低模拆分 UV

图 14　中级模型

图 15　虚拟数字戏曲演员高级模型

11	
12	14
13	15

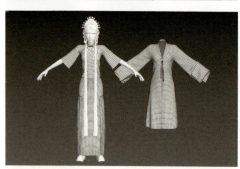

配合完成贴图绘制。

在动画制作阶段,使用 3ds MAX 或者 Maya 进行骨骼的绑定、蒙皮,骨骼和模型与戏曲服饰相结合,正确绑定,人物口型、表情等动作技术处理。导入完成的模型和贴图文件用 Unity3D 或者 Unreal 虚幻引擎进行材质和灯光的构建,通过引擎程序把戏曲表演内容完美展现。目前,该项目技术团队对制作虚拟人物的绑定和表情算法技术成熟,自创的声音驱动算法达到了一定的标准。(图 11—图 19)

图 16 虚拟戏曲演员头部细节

图 17 骨骼创建

图 18 蒙皮

图 19 MotionBuilder 绑定

16
17
18	19

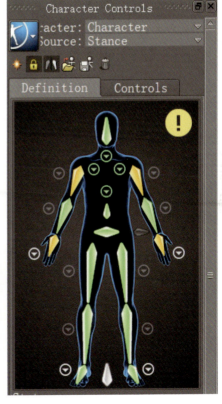

值得注意的是，软件开发有几个相关技术点：

1. 模型浏览。U3d 引擎开发，内核为 C#，可延伸模块，能够使用当前通用的 3ds MAX、Maya 等三维软件的模型导出的格式嵌入进引擎开发，进行各种实时浏览。

2. 窗口界面。采用交互式的窗口界面，能够进行 2—3 级界面操作互动（可不设计界面，但需要预留操作层级画面）。

3. 媒体素材。能够将通用格式的相关视频、图片素材进行相应的替换。

4. 流程控制。符合戏曲表演全流程，在 VR 软件开发部分做到在模块中可以实现戏曲角色模型互动操作，如走、跳、跑、旋转的全景互动操作。进行模型材质、颜色更改，模型大小比例缩放，进行图案、头像等媒体互换。

5. 物理引擎。采用 U3d 物理引擎，能够产生动态的碰撞效果。

6. 交互设备。设备采用 HTC 虚拟现实眼镜进行交互，能够体现 VR 的沉浸感，底层能打包独立输出，方便以后设置模块。

五、观众体验

观众体验过程及步骤如下：

1. 体验者站在摄像头前，将自己的脸部拍摄下来，点击 OK。

2. 穿戴上动作捕捉设备，戴上 VR 头盔。

3．选择剧目片段，挑选扮演的角色。

4．选择好后，自动生成一个虚拟演员。

5．欣赏和学习一段戏曲剧目的表演。

6．体验者看完戏曲演员表演，选择已设定好的多个虚拟场地（如老戏台、故宫、天坛等有代表性的场地）作为虚拟舞台进行表演。

7．表演结束，系统会进行表演评分（根据在虚拟舞台的虚拟物体与表演者的逻辑关系测算出）。

8．表演结束后体验者通过扫描二维码下载自己的表演片段。（图20—图30）

20	21
22	23
24	25

图 20　拍摄体验者头像

图 21　穿戴好动作捕捉装备

图 22　进入 VR 体验，选择剧目片段

图 23　自动生成虚拟戏曲演员

图 24　提示体验者开始欣赏和学习一段戏曲

图 25　选择虚拟舞台

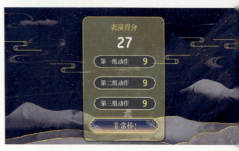

图 26　提示体验者开始表演

图 27　体验者根据学习记忆独自表演戏曲

图 28　表演期间忘记动作有虚拟界面提示

图 29　表演完毕系统显示得分

图 30　扫描二维码下载自己的表演片段

六、成果与应用

该项目研究通过新一代的惯性动作捕捉设备研发了一套虚拟仿真的戏曲表演系统。体验者可以从中模仿戏曲演员的表演，置身于"真实"的戏曲环境，在技术沉浸的同时获得心理沉浸的快感。体验者通过虚拟换装、表情、动作和特效等表达方式和虚拟戏曲人进行更多互动，借助沉浸式的体验，让观众在虚拟的世界里尽情实现艺术的自我表达。与此同时，通过创造虚拟舞台特效和运镜特效，随着音乐联动营造出完全贴合其戏曲种类的虚拟舞台和随之变幻的视觉风格，让戏曲重新获得了视觉表达，进而戏曲表演不再受到时空和技术的限制，让体验者拥有了全新的戏曲舞台表演体验。

自主开发的手套 SDK 接口程序结合惯性动作捕捉系统和设定的标准化室内表演环境，即可完成较大规模戏曲表演数据的批量采集，可为戏曲学员或业余爱好者积累表演数据，并且采集的数据可连接相关的虚拟引擎进行虚拟数字人表演。

通过模仿戏曲虚拟数字演员的表演，为戏曲爱好者提供了一种新的了解、学习戏曲的路径与方法，协助名角解决不能"分身"教授不在同一时空学员的遗憾。该项目具有可复制性，可以为戏曲传习班、戏曲博物馆、城市文化展馆、旅游景区等场所，甚至戏曲爱好者个人"量身定制"。用户可以直接与定制的名角"面对面"学习戏曲。戏曲 VR 的体验让不是演员的受众过了把"真"戏瘾，开拓了戏曲传播和传承方式的新篇章。

譬如，在 2023 年的第 17 届中国义乌文化和旅游产品交易博览会上，本课题团队携带"适配真人中国传统戏曲仿真表演系统研发"的成果——"虚拟数字戏曲演员互动表演体验系统装备"参会,通过沉浸式体验新场景让广大观众参与戏曲的模拟表演中来,成为全场亮点。由于该系统装备全面呈现文旅领域数字技术新理念、新业态、新模式,成功吸引了来自全国各地的观众以及外国友人的关注,参与体验的用户层次多样、年龄结构丰富,包括不同年龄层次的戏曲爱好者、专业戏曲演员、旅游从业者、青少年等,进一步佐证了数字技术赋能传统文化的强大活力。(图31—图34)

图 31　第 17 届中国义乌文化和旅游产品交易博览会开幕式

图 32　戏曲爱好者与虚拟戏曲演员实时交互表演现场

图 33　笔者接受媒体采访

图 34　2023 年 5 月在"厦门元宇宙产业博览会"上的展示场景

七、结语

近年来，我国文化演艺装备产业发展迅速，装备技术水平较快提升，应用领域不断拓展，不仅将不断创新的演艺装备与时兴的虚拟现实技术结合起来，带来体验与消费的升级，还将演艺装备与数字技术融合，带动文化创作、传播、消费方式变革，也将具有中国特色的曲艺通过更先进、更流行的方式进行传播，这是对传承的另一种"解读"，也是贴合趋势的一种智慧选择。

2022年11月，工业和信息化部等五部门联合发布的《虚拟现实与行业应用融合发展行动计划（2022—2026年）》提出，到2026年，三维化、虚实融合沉浸影音关键技术重点突破，新一代适人化虚拟现实终端产品不断丰富，产业生态进一步完善。这也预示着在全球信息化快速发展的大背景下，在可见的短时期内，即国内外在5G技术的商用落地之后，将会大规模应用虚拟现实技术来模拟和延展行业自身的内涵。

中国传统戏曲要与媒体平台进行深度融合，从而实现在娱乐中学习相关戏曲知识的预期目标，让传统戏曲得以向大众普及。2016年是VR元年，随着"元宇宙"概念的提出，VR又再次掀起新的浪潮。可以预见的是，随着全球范围内数字化的深入发展，借助飞速发展的新技术，中国传统戏曲得以不断焕发新的生机。

注释

1　Lemu H.G., "Virtual Engineering in Design and Manufacturing", *Department of Mechanical and Structural Engineering and Material Technology*, Vol.2, No.4, 2014.

2　参见王琛、谢欣《VR应用于舞台空间与观演体验创新研究》,《家具与室内装饰》2021年第10期。

3　[美]苏珊·朗格:《情感与形式》, 刘大基等译, 中国社会科学出版社1986年版, 第373页。

4　[加拿大]马歇尔·麦克卢汉:《理解媒介: 论人的延伸(55周年增订本)》, 何道宽译, 译林出版社2019年版, 第4页。

四　作为实验的文化地带

文化发展承载着中华民族的兴旺发达，承载着中国的繁荣昌盛。文化是一个国家最基本、最深沉和最持久的竞争力，在中华民族伟大复兴中发挥着无与伦比的重要作用。21世纪是中华文化复兴的世纪，历经5000多年的绵延、更新与发展，中华文化早已深深融入整个中华民族的血脉之中，而其所蕴含的人文精神架构起全民族的集体意识和价值体系。

2022年8月，中共中央办公厅、国务院办公厅印发的《"十四五"文化发展规划》指出，"贯彻新发展理念，构建新发展格局，推动高质量发展，文化是重要支点"，这需要"充分发挥文化在激活发展动能、提升发展品质、促进经济结构优化升级中的作用"。从这个层面上来说，关于技术视野下文化事业的命题是与现实极为贴近的关键问题，也是走向艺科融合之路中难以规避的话题。

瓦尔特·本雅明曾在20世纪初提出了一个疑问：机械复制时代的艺术品，缺失了什么？在他生活的时代，技术革命开始使艺术品的复制成为可能。而复制技术的提高，产生了以机械复制为创作手段的电影影像艺术。机械复制艺术品的出现冲击与动摇了传统艺术的评价。在《机械复制时代的艺术品》中，本雅明提到，现代艺术通过复制消解了传统艺术的"灵韵"（Aura），复制品使接受者在其自身的环境中去欣赏艺术作品，从而消除了必要的距离感，但赋予所复制的对象以现实的活力。由此，机械复制技术将一切传世的艺术带入大众的日常生活中，对公众产生了直接的影响。

的确,在数字化的浪潮下,数字媒介的介入改变了传统文化遗产的感知、阐释和传播方式,观众、媒介技术和传统文化,为文化遗产的传播与传承提供了新的理论资源,也有利于我们审视当下数字技术和文化遗产的关系。本部分的四篇文章试图探讨数字媒介技术如何应用于文化遗产的保护与传播。媒介的虚拟化发展摧毁了物质的实体意义,让传统物质文化的传承陷入困境,但数字媒体的出现也将科技设备、场所和人三者紧密联系在一起,从而突破了过往的"身心分离"和"去地方"的传播方式。身处数字技术所主导的媒介域中,虚拟现实技术的实践应用为文化遗产的传承提供了全新的可能视角。

《虚拟现实技术在文化产业创新中的应用与前景》首先详细介绍了虚拟现实技术的特点,接着分析了当今文化消费的特点与虚拟现实技术市场空间的关系,以及当代文化消费模式如何从单向传播转向互动交流。最终,在虚拟现实技术的应用背景下,文化产业领域将会形成一个产业应用矩阵。

《虚拟现实技术在文化遗产数字化保存中的现实应用》则关注虚拟现实技术在旅游文化遗产数字化领域的实际应用。文章认为,应扩大旅游文化遗产数字化呈现系统规模,选择虚拟现实技术,从而转变传统旅游文化遗产的呈现形式。通过数字化技术扩大旅游文化的影响范围,为今后旅游行业发展提供有力的技术支持。

《信息互联环境下文物保护平台建设实践》聚焦数字技术下的

文物保护平台建设。文物是中华文化的历史积淀,在文化传承中发挥着重要作用。现阶段,我国乃至世界都处于信息互联之中,科技的更新也对文物保护提出了新的要求。文物保护不能再局限于传统的保护策略,而应借助现代化的媒介技术,搭建文物保护平台,推进文物保护的现代化、数字化,提升文物保护的水平。基于此,文章重点分析了信息互联环境下文物保护平台的具体架构。

中华文化是中华民族的精神基因和灵魂,亦是中华民族复兴的核心支撑因素。作为融合记忆的文化载体,文化遗产具有连接历史、当下和未来的重要价值。而数字时代的文化遗产传播与传承并非只有困境,文化遗产如能充分发挥数字技术的优势,便可打破技术与思维限制的藩篱。文化的传承与保护不仅需要传播技术的加持,亦需要建立物质化的组织体系。在传播社会中,作为实验的文化地带,我们需要寻找数字技术与文化遗产融合、交互的可能性,促进文化遗产的"日常性"构建,让其真正成为公众日常生活中的常态化参与表达。

虚拟现实技术在文化产业创新中的应用与前景

    虚拟现实（VR）是基于现代计算机技术日新月异的发展，将人工智能、仿真技术、人机交互、视觉影像等多种新兴数字技术融合演进而来的尖端计算机技术。它直接与其他学科相关联，是关注体验本身的技术。通过将视觉与现实世界隔离，并借由虚拟现实技术装置，使人们得以在完全虚拟的世界中自由穿梭。[1] 其仿真模式为用户营造出一个实时反映实体对象变化与相互作用的三维图像世界，真实地反映了物体的动态和与用户的实时互动，在视觉、听觉、触觉、嗅觉等感官的逼真体验中，用户能够直接参与并探索虚拟对象在所处空间环境中的作用和变化。[2] 视觉仿真技术中的虚拟现实是多媒体技术发展的高峰，既为使用者提供逼真的体验，也为人们探索不易直接观察的事物提供了极大便利。本文系统总结虚拟现实技术的特征和类型，分析虚拟现实技术的市场空间与文化消费互为表里的关系，并深入剖析虚拟现实技术在文化产业中的创新应用及发展前景，以期为相关工作提供参考。

一、虚拟现实技术的特点及类型

虚拟现实技术具有三个基本特征：沉浸感（Immersion）、交互性（Interaction）和构想性（Imagination），常被概括为"3I"。顾名思义，沉浸感的实质就是带给身处虚拟环境的参与者以深层次全方位的感知，他们从中得到与现实世界一般无二的体验；交互性侧重在虚拟环境中，人与技术之间的互动，为操作者带来良好的体验和真实的反馈；构想性是基于上述两者的助力，用户在虚拟情境中增强预判能力，从而在情景互动中打开想象力，开发自身的创造性思维。[3] 这三种特性为生产设计中的概念设计、构思可视化及工程实验模拟、真实场景再现等生产实践提供了手段和宽广的想象空间，同时在一些操作及演示性较强的教学过程中具有良好的实用价值。例如，工程制图课教学的主要目的是培养学生空间构型和图解空间几何问题的能力。而虚拟现实的交互特性在工程制图教学中的应用，对比传统教学更能培养学生的空间构型能力。[4]

虚拟现实技术的类型主要有四种[5]：

（1）桌面虚拟现实。桌面式虚拟现实系统是操作最简洁，对设备要求最低，使用最为普及的虚拟现实系统。它主要以个人电脑和低级工作站进行模拟，借助电脑屏幕观察360度的虚拟世界，并控制其中的物体。

此时的参与者不能完全沉浸在游戏中，易被周围环境所影响，最终获得的视觉效果也较为简单，但因为成本较低，具有经济实用的特性，所以应用最为广泛。

（2）沉浸式虚拟现实。沉浸式虚拟现实主要借助洞穴式（CAVE）立体显示设备系统或头盔式显示器（HMD）等价格较为高昂的配套设施，为使用者营造一种身心共同穿越的沉浸式体验，让身处其中的用户很难区分虚拟与现实的差异。其工作原理基于多种感官的相互欺骗，即通过位置追踪器、数据手套、手控输入设备、声音设备等配套辅助系统，达到视觉、听觉、触觉等感知的相互阻断与相互勾连。沉浸式虚拟现实技术较多应用于国内外的娱乐产业中并取得良好的经济效益，近年来，一些紧急预演与模拟训练也采用了这一技术。

（3）增强式虚拟现实。增强式虚拟现实的原理是在仿真现实世界的基础上，试图提升参与者对真实世界的感知能力，从而获得在现实中无法取得的感受。由此推导，该技术在现实中的应用前景非常广阔。一个典型的例子是战斗机驾驶员的平面显示器，它能将仪器读数和武器瞄准信息准确投影到驾驶员面前的穿透式屏幕上，让飞行员免去低头查看相关数据的苦恼，从而可以全神贯注于锁定目标及把握既定路线的方向上。

（4）分布式虚拟现实。分布式虚拟现实技术将虚拟现实推向了新的高度。其使用原理如下：多个使用者通过电脑网络同时联结，进而参与到一个虚拟空间中，并在此情境下共同进行虚拟体验。如对该虚拟空间的事物进行观察、操纵，从而实现远程合作的理想效果。该技术在线上教育、网络问诊、网络购物、军事预演上的应用较为成熟，并逐步向商务领域扩展。

二、文化消费的发展特点与虚拟现实技术市场空间的关系

虚拟现实技术的市场空间是由文化消费发展特点决定的，新技术带来了文化生产和发展的根本变化，科技的迭代助推了文化传播形态的衍化，新的媒体形态具有社交化、移动化、即时化及碎片化的特点，随着国家文化数字化战略的实施，文化在生产模式和消费模式上将发生极大变化。

（一）文化消费传播走向复合立体化

随着文化和科技的融合、互联网和新媒体的深入发展，文化消费传播的广度和深度有了明显的提升。从单向传播走向互动复合立体化的传播。之前的文化消费是立足于广播形态的单向传播方式，不管是广播、纸媒还是电视，都具有单向输出以及多点接收的特点，受众选择的权利相对较小，媒体掌握着主要的话语权。然而，用户需要的是深入的互动、现场表达以及深层次的参与，立足于这些需求，便出现了很多新的产品。例如，弹幕、微信及各类短视频平台，最终形成集生产、分发、消费于一体的文化样态，为内容到达用户端提供多元途径，与数字经济、数字化浪潮形成呼应。与此同时，网络平台借助"云网端"等新兴的网络技术设施，

不断更新文化生产和消费空间，同时也减少了文化生产和传播的成本，从而吸引更多的平台用户转变为内容生产者，拓展了产业发展的创新资源。[6]

5G、大数据、人工智能形成全新的传播环境，文旅融合下的景区能够通过短视频、全景直播、社交媒体等云模式在全国范围内快速展示其文化形象。地方文化能通过景区数字展示系统、创意旅游商品等方式传达给当地游客。文化沉浸式体验又可分为以 VR、AR、裸眼 3D 及其他多媒体展示技术为主的博物馆展览展示，以动态捕捉、触控感应等交互技术为主的公共教育和以大数据计算与云平台建设为主的文化传播的三大路径。

（二）文化消费中的感知重塑

科学技术是文化产业的关键要素，塑造了文化产业形态，发明创造了与文化产业相关的产品，如流行于 20 世纪初的老式留声机、黑胶唱片、无声电影等。由纸媒时代、电子通信时代到数字化时代，科技助力文化产业的发展，应时而生的各类文化产业逐渐形成一定的文化生产模式。

据统计，至 2018 年，我国与文化及文化相关产业的分类已达到 146 种，远远超出 2012 年的 120 种。[7] 新一代信息技术的融入，使得文化产品需求进一步扩大，智能化生产、网络化协同、服务化延伸、个性化定制，催生了文化消费的崭新形式。继承是文化的内核，创新是文化的生命线，消费者对产品的认可和使用时的体验决定了文化消费的活力。主流社会对消费认知重构的分类大体有两种：一种是基于真实世界的融合，即"虚拟真实化"。"虚拟真实化"达成了让感知和场景走向真实化的效果,通过各类传感器的交互应用,以多感官交互提升参与者的"临场"感知力,并最终实现"到场"。另一类是"现实虚拟化",它依托类似"元宇宙"这样的社会文化空间,为虚拟世界的运行和操控提供全新的操作规则和用户体验环境。通过数字化技术的应用形式,日常生活中的诸多消费体验得以在虚拟世界中留存,为社会经济提供更为灵活的消费模式。[8]

一般情况下,文化包含了文化产品和人类的行为文化这两个方面的内容。沉浸式剧场的诞生达到了文化产品与行为文化的贯通。该剧场有别于传统戏剧的固定空间单向沟通,在演出过程中,观众可以穿梭于演员表演的场景中,自行选择感兴趣的剧情线,他们甚至可以打破"第四堵墙",在表演进行的同时与演员进行交流、互动。简而言之,沉浸式体验剧场彻底地改变了观众在传统戏剧中的自我定位,从被动的"旁观者"转变为主动的"参与者",从单向的"观看"表演转变为互动性的"交流"。[9]这几年沉浸式的艺术展览成为文化消费的一种时尚。最具影响力的要数 teamLab 艺术团队,这个团队打造了全中国最大极具沉浸感的巨大空间。超越物质概念,基于数字技术将人类的表达与体验从物质中解放出来,观众用身体去认知去感受艺术,可以将身体沉浸在艺术作品中,探索一种没有界限的连续性,同时也可以使自己的行为动作影响作品。(图1—图5)

从传统意义上来说,文化作品反映了现实生活,消费者对文化内容的欣赏过程也是对人生的真实体验。现代消费者更加注重的是对虚拟内

图 1　表演者、观众、雕塑融为一体的沉浸式体验

图 2　沉浸式交互表演，舞蹈演员与背景画面形成互动

图 3　瞭仓艺术馆"流动 万象"光影艺术展，"奔流"的
　　　永定河呼啸而来，以光影技术讲述了一个个传说

图 4　teamLab 北京最大规模美术馆（朝阳大悦城）

容的体验,主要为了能够感受到理想中的世界,一些内容则是对未知世界的推测以及遐想,也有一些内容是对历史的颠覆,如和元宇宙相关的电影、穿越类型的小说等。在线下沉浸式实体空间的文化活动如夜游、剧本杀、互动戏剧、旅游演艺、数字体验展将更加活跃。新冠疫情期间,人们宅在家里,将对现实世界的关注更多转移至线上,随着元宇宙时代的加速来临,虚拟世界从原先对现实世界的补充逐渐转变为自成系统的平行世界,虚拟世界中场景化社交、自组游戏、虚拟旅游、艺术加密等线上文化消费与线下实体消费体验的一体化是未来文化消费的特点,由此也打开了更加广阔的商业生态发展潜能。

三、虚拟现实技术在文化产业中的应用及发展

2022年11月,文化和旅游部等五部门联合发布《虚拟现实与行业应用融合发展行动计划(2022—2026年)》,提出将虚拟现实(含增强现实、混合现实)列入数字经济重点产业,加速多行业多场景应用落地等五大重点任务,并预测到2026年我国虚拟现实产业规模(含相关硬件、软件、应用等)将超过3500亿元。该计划的制订,为进一步引导虚拟现实与文化产业深度融合,以数字科技助力文化产业发展提供方向指引。在文化产业领域,虚拟现实技术将被广泛使用,在创意的支持之下,正在形成一个产业应用矩阵,主要包含以下方面的工作。

图5 花与人的森林:迷失、沉浸与重生(teamLab)

（一）真实再现

虚拟现实技术能够将现实中不存在的文化场景、历史文物及消费者不容易到达的实景再次还原，在考古、博物馆、旅游及科普等领域的应用比较广泛。

故宫博物院早在 2000 年就开始进行虚拟现实技术的应用研究。故宫博物院现有书画类（绘画、法书）藏品 128093 件／套，其目前的展出方式，除传统的线下展览之外，还包括依托虚拟现实技术展现的"故宫名画"和"数字博物馆"两个栏目，不断活化文物，挖掘与激活文物自身的价值。通过运用适当的数字技术手段和精巧的设计诠释，将传统的二维书画与三维的虚拟现实技术影像相结合，变革了线下传统书画展览的模式。这打破了以往以虚拟现实技术为主体的三维内容展示界限，将中国的书法和绘画以崭新的形态展现在大众面前。[10] 可以说，虚拟现实技术也为故宫博物院带来了全新的展示与传播形态。

随着三维信息建模、虚拟仿真交互、虚拟现实、云计算等技术的成熟，打通实体世界和数字世界，实现虚实融合的"数字孪生"技术，不仅能够通过采集文物数据实现"完美复刻"，还能够检测场馆人流数据做到"有序管控"，降低人为破坏文物的可能。在 VR、AR、大数据、3D Mapping、传感器数智技术加持下，无论是博物馆、展览馆还是影院、剧场都在向沉浸式空间升级，为游客带来身临其境的虚拟体验，"虚实融合"的时代已然来临。

（二）文化娱乐

"虚拟现实之父"杰伦·拉尼尔认为，VR 是在另一个地方、另一个身体或另一个世界逻辑中创造幻想的娱乐产品。[11] 数字化内容娱乐是虚拟现实技术带来的一种新的业态。虚拟现实技术的运用会实现产业创新，并且在动漫、影视、演艺及游戏等领域实现产品创新，如今，相关行业已经逐渐加大了对该方面的尝试及探索力度。

在虚拟现实技术扩散的早期阶段，游戏是该技术最重要的应用领域，实时的人机交互和增强主观操作性以及角色沉浸感，其技术独特的体验性和奇观性，为游戏产业注入新的可能性。有别于以往仅仅依靠键盘鼠标互动的方式，虚拟现实环境中的参与者借助显示器、数据手套等配套设施，呈现更为新奇的沉浸式体验。得益于 5G、4K、8K 高清视频及 VR、AR 等技术，"云演艺"使用户通过手机就能享受来自云端剧院级的视听盛宴。例如 2021 年 2 月国家京剧院和咪咕公司协力推出线上京剧《龙凤呈祥》5G+4K 超高清演播项目，演出借助 VR 技术以多视角多机位呈现舞台画面并加入"云导赏""云解说"等环节，让观众可以自主选择观赏视角，并对线下剧场环境进行"复刻"与升级，上线叫好、鼓掌、打赏等弹幕、表情包功能，创制"云打赏""云包厢"等模式，增加云端剧场在场互动的可能。短视频平台已成为演艺机构重要的云上舞台、宣传渠道和互动媒介。抖音数据显示全年演艺机构账号同比大幅增加，在疫情初期演艺视频投稿量和活跃账号量增长尤为迅速，并在 5 月达到峰值，全年投稿超过 50 万个，近三成账号投稿超过 100 个，有近 200 个视频播放量超过 100 万次，40 余个点赞量超过 10 万次。2020 年，国家统计局数据显示：人均教育文化娱乐消费支出 2032 元，同比下降 19.1%，仅占人均消费支出的 9.6%；而与互联网融合较为密切的文化消费终端生产、内容创作生产、创意设计服务业、新闻信息服务业、文化新业态特征较为明显的 16 个行业小类均有 5.1%、4.7%、11.1%、18.0% 和 22.1% 的大幅度增长，在抵御新冠疫情、满足人民文化需求、增强人民精神力量等方面发挥了积极作用。[12]

（三）创意设计

虚拟现实技术所具备的真实再现及实时交互界面的功能，能够帮助设计师立体、全面地完成作品的设计工作，从而体现出传统媒介下不能展现的创意，同时还能够减少出现重复及错误的概率，以此来降低设计成本，这在广告、时尚、工业及建筑领域都得到了广泛的应用。

在传统的工业设计中，平面效果图是以往设计师用于展示构思的媒介，画面不够清晰，互动效果和真实性无法达到所设想的效果，无法呈现设计师的设计理念。而将虚拟现实技术应用到工业设计视觉的优化中，利用 NCI 匹配算法对工业设计产品进行匹配，重建工业产品的点云，以实现对工业产品精准特征识别。基于虚拟现实技术构建工业设计优化模型，确定模型场景输出格式及工业设计的输出情况，并按照工业设计模型的变化特征进行处理，对模型的全面数据进行编辑。根据虚拟现实技术的特征对工业设计视觉优化模型进行针对性改进，通过这种方式所获得的设计产品，不仅在视觉呈现上得到较高的提升，也节约了初期的设计成本，极大改善了工业设计产品视觉的表现效果，有助于推动工业设计的全面发展。[13] 以虚拟现实、区块链、人工智能、3D 打印技术为代表的数智技术的出现使个性化定制、柔性设计、参与式生产成为可能，打破了实体旅游中门票经济对旅游业发展的桎梏，用创意、设计、消费等方式延长了旅游产业链。另外，数字文化创意软件开发助推了数字文化创意内容制作的流行，启示着艺科融合的光明前景，虚拟现实技术在创意产业中的应用将迅速普及。

（四）教育学习

VR 是一种仪器，它能让你的世界变成一个可以轻松学习的地方。[14] 在文化产业中，教育产业也是其中一项非常重要的组成部分，虚拟现实技术的使用能够有效弥补教育中存在的不足，并且在化学、医学、自然及物理等学科上，借助模拟操作、模拟演练及环境体验都能够进行学习。为了满足这一目标，课件和教材的需求量也非常大，这会带来更多的商业机遇。

新冠疫情全球暴发给正常的生产生活造成诸多困难，教育领域受到的冲击最为明显。联合国儿童基金会的统计数据显示，在全球 186 个国家中，大约有 98.5% 的学生被疫情隔离影响。在新冠疫情的严峻情况下，线上教学被视为替代实体教学的不二选择。虽然网络教育课程成效显著，但也暴露出它的不足之处，主要表现为学生因缺乏有效的监督机制，加之自制力薄弱而滥用网络，或者因缺乏面对面教学、无法互动而导致学习效率低下等。而借助虚拟现实技术的交互性和沉浸感，教师在实际教学中可以优化与学生的互动，并利用虚拟现实技术构建出一个相对真实的网络学习空间，以提高学生在课堂上的活跃度，强化教师的课堂教学效果，为线上教育提供助力。[15]

（五）媒体出版

近十年来，虚拟现实技术凭借全系建构、情景沉浸的特点迅速抢占国外影像出版市场，并获得观众良好的反馈。无论是政治经济重大新闻的报道，还是体育赛事类日常活动的转播，虚拟现实技术的运用频率不断上升，媒体从业者在实践的基础上积极寻求可能的创新与突破。譬如美国广播公司（ABC）是全球首家运用 VR 技术进行新闻报道的电视公司，该公司曾经在 2015 年 2 月对 NBA 全明星赛进行过 VR 直播，在收视率上取得了一定的成效。美国全国广播公司（NBC）也是在电视新闻报道中采用虚拟现实技术的积极实践者，当 2016 年举行美国总统选举电视辩论之际，该公司不仅运用 VR 数字技术对辩论进行直播，还让线上观众加入互动交流，在 VR 应用史上留下浓墨重彩的一笔。大型体育赛事则因其趣味性和观赏性，成为沉浸式直播或转播报道的目标对象。2018 年举办的平昌冬奥会是首次运用 VR 技术现场直播，NBC 采用英特尔的 True VR 技术对开幕式、闭幕式、空中技巧、高山滑雪、冰壶等赛事进行了 50 小时的 VR 直播，观众可以从多个视角观看比赛并了解运动员的备战状况。2022年2月，法国电视台运用 VR 技术，利用数字搭建的虚拟泡泡演播室对北京冬奥会的赛况进行实况直播。[16]

如今，广播电视行业已经开始运用虚拟现实技术来实现赛事直播、新闻报道等尝试，并且取得了很好的成效。而在出版领域，通过将智能终端、二维码结合起来，能够实现对场景再现和纸质出版物的结合，未来的出版也将会迎来更多新形态。

（六）互动连接

运用虚拟现实技术，可以帮助用户完成更新形态的连接，远程会议、社群交流及电子商务的形式将彻底发生改变。例如，在服装购买方面，用户可以直接在线上进行逛街体验，从而完成服装试穿，这种购物方式将会彻底颠覆线上线下的商业模式。VR/AR、5G、云计算、人工智能技术在云视听领域带来更加流畅、沉浸、互动的视听场景。云游戏产业发展也进入快车道，我国在边缘计算、GPU 服务器、流媒体、虚拟化／容器化为代表的数智技术取得突破性进展，攻克了云游戏在网络运行与维护中的一系列技术难关。云游戏不仅能够逐渐摆脱对复杂运算、游戏设备的依赖，更能成为带动电子商务、智慧旅游、影视、直播、短视频等产业发展的流量入口，推动家用电视、智能耳机、可穿戴设备等更新迭代，广泛渗透到数字内容、文化装备等软硬件领域。

（七）终端设备

日趋成熟的虚拟现实技术是 21 世纪新兴技术发展的着力点，孕育着无限的商机。经过几十年的技术演变，虚拟现实数字产业已初步形成全新的工业生态系统，从以技术创新为基点逐步演化为以提升产品等级、应用互联为核心的战略阶段。虚拟现实技术的运用和输入设备、显示设备、系统软件、输出设备以及编辑软件的开发息息相关，并且在这些领域会产生较大的市场，如今，投资公司已经在关注终端设备的生产。

随着硬件、内容两大痛点被逐渐解决，VR 将迎来快速增长。自 2020 年起，在消费结构优化和工业化水平不断提升的前提下，VR 一体机、分体机等产品不断演进升级，不仅产能上增效明显，销售量也节节攀升。根据 IDC 公布的数据可知，仅在 2021 年，国内的 VR 设备出货量约为 143 万台，与去年相比增长近 100％，预计到 2025 年 VR 设备将会突破 1000 万台。在全球范围内，2021 年 VR 头戴式显示器的出货量竟已达到 1095 万台。[17] 在国家战略层面对数字虚拟现实技术产业的大力扶持下，未来 VR 技术将越来越成熟，其发展前景不容小觑，并将进一步获得资本市场的重点关注。

四、结语

文化作为一种能够转化为巨大物质力量的精神力量，可以对社会的发展与变革产生深刻影响。我国近些年在虚拟现实理论基础、核心技术创新、产学研应用融合等领域均取得了可喜的成就。在科技研究不断发展的条件下，虚拟现实技术有望突破时空约束，为使用者带来更为充沛的临场感。在数字技术强劲发展的当下，如何以数字技术助力新时代文化产业高质量发展，是目前文化产业研究的重要议题。

在科技数字信息发展的过程中，不论从哪一角度分析，虚拟现实技术都是一个极具象征性和指示意义的产物，其立足点和出发点都围绕满足人类对美好生活的愿望展开。步入 21 世纪，数字科技的发展浪潮席卷全球，网络技术占据关键性的位置，它在节约物质资源的同时，为人类的发展提供另一片自由空间，满足人类的精神需求。然而，当人们惊叹于互联网技术带来的正面影响的同时，其潜在的负面影响也不能忽视。面对这一局面，只有进一步提升总结归纳能力，依托才智经验，对数字技术进行再创造，对客观世界加以改造，才能基于社会核心力量促进世界文明的发展进程。

注释

1 参见徐硕等《VR/AR 应用场景及关键技术综述》,《智能计算机与应用》2017年第6期。

2 参见秦敏等《基于 GBS 的虚拟教室系统设计研究》,《现代教育技术》2010年第1期。

3 参见赵沁平等《虚拟现实技术研究进展》,《科技导报》2016年第14期。

4 参见胡新根《虚拟现实技术综述》,《科技广场》2007年第5期。

5 参见王铁锋《基于 Web 3D 的装甲车辆起动装置实验的虚拟现实》,硕士学位论文,东北师范大学,2008年,第4页。

6 参见朱政《文化数字化构筑文化消费新发展图景》,《人文天下》2022年第8期。

7 参见范周《以高水平竞争掀开"十四五"文化产业发展的壮丽篇章》,《人文天下》2020年第18期。

8 参见陈少峰等《新一代信息技术条件下文化与科技融合及其产业形态研究》,《山东大学学报(哲学社会科学版)》2022年第5期。

9 参见李洋、邹翀《我国沉浸体验式文化消费模式浅析》,《今传媒》2022年第9期。

10 参见张雨辰《故宫博物院数字 VR 剧场的多元化应用》,《新媒体研究》2021年第16期。

11 参见[美]杰伦·拉尼尔《虚拟现实万象的新开端》,赛迪研究院专家组译,中信出版社2018年版,第185页。

12 参见向勇、张艺璇《数智技术赋能新文旅的应用场景》,载向勇主编《中国数字文化和旅游产业发展报告(2021)》,中国旅游出版社2022年版,第11—17页。

13 参见万鲤菠《虚拟现实技术在工业设计视觉优化中的应用研究》,《现代电子技术》2020年第16期。

14 参见[美]杰伦·拉尼尔《虚拟现实万象的新开端》,赛迪研究院专家组译,中信出版社2018年版,第184页。

15 参见郭梦《疫情防控常态化背景下虚拟现实技术在教育领域的应用研究》,《教育传媒研究》2022年第4期。

16 参见惠东坡、孙葆琪《国外电视媒体 VR 技术应用的形式和特点》,《中国电视》2022年第11期。

17 参见王扬《元宇宙视角下出版业的发展机遇与挑战》,《出版广角》2022年第18期。

虚拟现实技术在文化遗产数字化保存中的现实应用

　　2017 年，文化部出台《关于推动数字文化产业创新发展的指导意见》，进一步明确旅游产业向数字信息化转型的新趋势。2019 年，科技部与其他六部门联合印发《关于促进文化和科技深度融合的指导意见》，要求增进各行业之间的文化成果数字化、网络化和智能化多维度融合发展。尽管我国在文化旅游的数字化进程中取得了一定成果，但投入的人力、物力、财力与实际成效并未形成正比，资源的投入并未使数字内容真正发挥实效。[1]

　　文化遗产是人类文明的重要载体，它不仅是现代社会的重要组成部分，更是与世界各国人民进行沟通和交流不可或缺的中介。中国历史源远流长，这是孕育文化遗产的关键基础，但由于某些原因，一部分文化遗产一直未得以有效继承，尤其是旅游文化遗产。因此，为了更好地再现旅游文化遗产，利用现代化科学技术手段对其进行保护性呈现非常必要。虚拟现实技术（VR）的应用，有利于实现旅游文化遗产场景模拟，是数字化呈现的有效手段。本文将总结今后数字技术的发展趋势，并围绕此技术的实施进行讨论。

一、虚拟现实关键技术分析

虚拟现实技术是以互联网平台、现实生活为基础，将两者有效交接的虚拟技术，在信息化时代下为各行业带来巨大的影响。[2]

虚拟现实的关键技术主要包括：

（1）动态环境建模技术。虚拟环境的建立是 VR 系统的核心内容，目的就是获取实际环境的三维数据，并根据应用的需要建立相应的虚拟环境模型。

（2）实时三维图形生成技术。三维图形的生成技术已经较为成熟，关键就是"实时"生成。为保证实时，图形的刷新频率不能低于 15 帧 / 秒，最好要高于 30 帧 / 秒。

（3）立体显示和传感器技术。虚拟现实的交互能力依赖于立体显示和传感器技术的发展，现有的设备不能满足需要，力学和触觉传感装置的研究也有待进一步深入，虚拟现实设备的跟踪精度和跟踪范围也有待提高。

（4）应用系统开发工具。虚拟现实应用的关键是寻找合适的场合和对象，选择适当的应用对象可以大幅度提高生产效率，减轻劳动强度，提高产品质量。想要达到这一目的，则需要研究虚拟现实的开发工具。

（5）系统集成技术。由于 VR 系统中包括大量的感知信息和模型，因此系统集成技术起着至关重要的作用，集成技术包括信息的同步技术、模型的标定技术、数据转换技术、数据管理模型、识别与合成技术等。[3]

虚拟现实技术的基本理念是借助数字技术创造一个模仿现实世界的沉浸式虚拟空间。这一技术在旅游产业的实际应用，能够高效地化解旅游文化遗产难以有效继承的困境，是实施旅游文化遗产数字信息化存储的首要途径。早期阶段的虚拟旅行是将虚拟现实技术与地理信息系统（GIS）、实景虚拟技术相融合，创建出全景旅游景点模型，以实现无交互的虚拟漫游。而随着多媒体、网络空间、三维建模技术的进步，虚拟旅游系统的开发也在不断提升，使用者可以在家中实现对数字技术复原的三维历史景观、遗迹或遗址的游览，挑选用户喜欢的游览路线，并选择任意方位的观察、浏览视角。上述数字技术的应用为体验者提供了一种身临其境的独特感受。[4]

现有的虚拟现实技术种类根据其所处位置的不同，大致可以分为三类，即设备层、应用层、产品层。设备层由向计算机传输数据信息的设备、外部设备、输出计算机数据的设备构成，在这之中输入设备依托于人体感官感受系统，对人体感官中的听觉、触觉、视觉进行实际感受的模拟，这是以预先捕获到的动作进而辨识全景拍摄的数字技术。外部设备主要控制计算机的输入与输出配置之间数字信息的接收和传送，这与人体感官系统的信息传递类似，例如捕获用户的视觉、听觉与触觉等感官信息。

输出设备包括图像和影像的视觉输出相关机器配置，如可折叠、弯曲的柔软性屏幕、环绕声音箱等。应用层维系着产品层与设备层，应用层的内部设置有客户端应用、第三方平台营运等枢纽。产品层的组成结构较为丰富，以旅游文化行业为例，产品层涵盖使用者所在地区的旅游景点、酒店住宿、交通信息等相关行业的多种消费资讯。

二、虚拟现实技术应用方案

截至 2020 年，我国馆藏文物（可收藏文物）共计 1 亿件左右，文化古迹、历史遗迹等不可移动文物共计 75 万多处。然而，全国收藏文物的博物馆的平均展出率仅为 2.8%。[5] 如今，借助虚拟现实数字技术，无论是可移动的文物还是不可移动的文物均有机会"活起来"并获得新生。

文化旅游产业的数字化建设需要先进技术的支持，虚拟现实技术在旅游行业中的应用以网络互联为技术依托，打破传统旅游的时间、空间限制。在真实世界与虚拟数字空间的融会渗透中，虚拟现实技术为使用者创造出理解历史文化遗迹的独特视角。当前，我国旅游行业虚拟现实技术的运用仍处于短期快速增长阶段。虽然已有部分景点尝试推广线上游览体验项目，不过如果想让数字旅游获得持续的关注与进步，必须将数字技术与景观所在城市的历史文化背景相融合，以虚拟现实技术的互动体验为支撑，进一步拓展旅游文化遗产的数字化转录与传承。

故宫博物院现保存有世界上最大的木质结构古代宫殿群，并且藏有

图 1 "文物的时空漫游"展览海报

图 2 笔者在展览现场体验与文物"对话

180 余万件文物。对大部分参观者来说，想要对故宫博物院进行全面、细致的了解，并不是一件易事。借助三维技术建立虚拟场景模型，设置仿真三维对象，可以为参观者提供良好的"真实"导览体验。在故宫博物院，运用虚拟现实技术可以使参观者选择不同的游览模式、欣赏虚拟文物，通过互联网自行转换虚拟场景，得到身临其境的感受。通过互联网控制设备中的虚拟人物进行全方位移动，甚至可以从高空俯瞰故宫全景。数字技术的应用为观者带来了交互性与沉浸式的感受，正不断改变着传统实体博物馆存在的游览系统、文化展示等问题。而虚拟现实技术不仅为大众带来更多关于故宫博物院的文化价值，也起到保护珍贵文物的作用，得以将更多的中华历史文化传承下去。[6]

此外，2020 年 9 月腾讯联合 11 家文博单位推出了"互联网 + 中华文明"沉浸式体验展览。这一展览以"文物的时空漫游"为主题，运用体感交互、增强现实等数字技术，复原并重建每一件文物的"前世今生"。"转动"日晷，穿越时空，做一场秦皇汉武的梦。丝绸之路上的胡姬立俑翩翩起舞；把来自西汉的单衣锦裳"穿"在身上；子期伯牙，高山流水。在"翰墨文心"主题单元中，游客步入竹林庭阁与溪水山石投影的影像空间后，

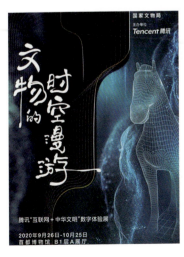

只需轻抚"溪水"上的荷叶便会浮现《兰亭集序》及同时代其他诗人的代表作，在光影变幻间书写着王羲之的悠然自得，构建了"曲水流觞"的意境。尽管没有一件货真价实的文物，但观众处处都可以和文物"对话"，打造了一场沉浸体验式的中华文明探索旅程。（图1、图2）

虚拟现实技术利用图形编程软件、显示控制接口等界面装置，在电脑等数字处理器中创造出具备互动交流的虚拟空间环境，从而为用户提供与真实世界类似的沉浸式体验。以目前的旅游文化规范来看，虚拟现实技术在旅游行业的实际应用与传统的实景观赏和早期开发的数字游览极为不同。最大的区别在于，虚拟现实旅游为游览者提供较为真实的参观经历，即真实存在的自然风光与人文景观带来的吸引力。

如今，虚拟现实技术已广泛运用于文化旅游业，进一步推动旅游产业的变革，在互联网平台中直接欣赏名胜古迹的风景，为游客提供先进的服务。例如，景区可以利用该技术开发线上旅游业务，游客提前在网站中感受模拟的景区风景，再决定是否到景区参观。这样一来可以让游客提前掌握景区信息，以获得满意的旅游体验。从景区角度分析，应用虚拟现实技术复原一个虚拟的旅游景观空间，利用多途径通信传输的媒介交流，形成一个动态的、互动的多维立体场景，让参观者在虚拟世界中实现与现实世界别无二致的沉浸式感受。

欣赏被纳入国家战略体系的大运河、长城和长征国家文化公园，其建设的目标不只是单纯复原历史的时空，而是要在功能重构的基础上赋予文化遗产以当下的意义。众所周知，大运河作为世界遗产，天然具有教育、研究和传播的功能。文化遗产保护利用的国际经验表明，文化不是化石，也不是标本，越是走近民众生活，就越有利于文化传承。文化公园要致力于传统文化的创造性转化和创新性发展，让收藏在禁宫里的文字、陈列在广阔大地上的遗产和书写在古籍里的文字都活起来。要让运河丝毫没有违和感地融入百姓日常生活空间，用大众听得懂的语言和易接受的方式展陈大众感兴趣的内容。我们要以科技承载文化，用科技表达文化，在历史和现代的交汇点，研发面向当下和引领未来的现象级项目。[7]

三、利用虚拟现实技术构建旅游文化遗产数字化转录系统

针对拓展数字旅游资源保护体系的建设，在构建数字系统时，首先应关注整体框架的动态升级空间。编程工作人员应建立一个将旅游文化遗产转录为数字信息的系统终端服务器，为使用者提供高水准的沉浸式体验服务，并且收集参观者在数字游览过程中反馈的疑问。对于如何发挥该系统的动态升级空间，技术工作人员可从软件环境转移的适应性、多用户网络互联、程序的可重复使用性三个角度进行研究。

当前的网络数字游览体验主要以图片展示和文字说明为主，而引入三维动态模型，再结合虚拟现实技术加以改进后，旅游文化遗产的数字化存储空间便能展示更为丰富的信息。此类新模式能够以网络客户端的方式为使用者提供在线实时互动服务，使用者只需借助移动通信设备或便携式电脑客户端程序，即可实现在线网络虚拟远程控制。[8]

基于虚拟现实技术的旅游应用程序逐渐增多，如果能将此系统应用推广至各类应用平台，就能最大限度发挥这一系统的环境转移适应性。当然，为确保使用者得到更加优质的服务体验，必须将应用程序提供的服务信息全部呈现在操作界面上。当旅游遗产的资源数字化转录完成后，资源信息大致可以分为在网络运行的服务模块、前端页面文件资源两大模式。在这之中，网络运行服务模块是基于可扩展标记语言服务器的标准体系结构，它的功能是确保数字信息存储系统在不同运行环境下的可适用性，而页面资源通过遵循 HTML 协议编写的特定运行程序，来呈现应用中历史遗迹、文化景观的三维视觉效果。

在程序的可重复使用性方面，基于虚拟现实技术，研发人员可以尝试开发旅游文化的数字化存储复合模块。在编定同一作用的独立程序单位时，如果系统程序内部的某个操作需要与之前设计的功能相连接，技术工作人员可以对这一模块进行复制，从而省略重新编写程序的烦琐过程。比如，利用虚拟现实技术，建立一个立体的文物资料库和虚拟的数字展厅。在程序的框架搭建中，技术工作人员不妨先尝试对各个独立程序单位进行分类，大致包括 3D 藏品展示、数字虚拟游览。采用这两种分类方式可以大大减少系统的编程步骤，并能在一定的界限内提升系统的研发能力。

网络资源共享是未来旅游文化遗产数字化展示与保护的重要发展趋势。在中华五千多年文明的积累与传承下，我国堪称一座历史文化遗产的资源宝库。借助数字化信息存储技术和网络互联资源共享，可以大规模普及我国的旅游文化遗产,进一步扩大我国历史文化在国际上的影响力,让中国历史文明所具有的人文艺术价值得以展现出来。因此,在建设这一体系时,要确保网络宽带与信息传输的需求相匹配,以满足旅游文化遗产数字化存储的需求。

四、旅游文化遗产数字化保存中虚拟现实技术的应用趋势

随着科学技术的进步,在不久的将来,文化创意或许会取代传统的山水人文资源,成为当代旅游发展的全新动能。在今后旅游文化遗产数字化保存领域,实际运用虚拟现实技术大致有两大主要途径:首先,在对旅游文化景观数字化转化的过程中,要做好充分的规划和实施计划,并处理过度依赖输出显示设备营造视觉效果的一大难题。研发人员应根据游览者的个性化要求制订相应的数字技术解决方案,从而让历史文化为网络旅游的体验感受赋予更广阔的可能性发展空间。其次,基于虚拟现实技术运用,既为用户提供沉浸式的游览体验,又授予历史文化遗产再度复活的机会,在与历史遗迹、文物藏品的互动交流中,当代公众重新与历史建立起联系。

针对近几年虚拟现实技术的实际案例分析,笔者观察到各大旅游网站也相继设立具备虚拟现实交互功能的模块,并将其作为未来旅游文化发展的新趋势。数字技术与景区文化相结合,能够丰富旅游文化遗产的保存、延续与扩展。

江西南昌万寿宫作为万寿宫文化的发源地，历史悠久、文化传统深厚，具有重要的文化价值，也是南昌市文化旅游的重点项目。近年来，南昌万寿宫的推广与发展遇到瓶颈，文物损耗及民俗消逝等问题日益严重，尤其是非物质文化遗产，与万寿宫有关的传说、地理名称、庙会、戏曲表演大量消逝，尽管有些地方仍然保留着庙会，但其形式也已经过简化处理。通过虚拟现实技术与互联网信息技术平台的融合，文物藏品的展览与收藏保护跃升至一个全新的高度。利用图像数据的数字化收集，构建出一个立体模型的资源库，在保存文物原始形态和空间环境的同时，也完成了对濒危文物资源的科学化、数字化储存。通过虚拟现实技术设备，使用者可以感受到一种超越时间和空间的错觉，当代观众可以在现实世界中参观万寿宫的建筑遗址，也可以通过科学技术让时间倒流，返回一千年前的大唐盛世，亲眼见证万寿宫的辉煌。[9]

虚拟现实技术在旅游产业产生了非常大的影响力，尤其是旅游文化产业。随着网络信息技术的发展，虚拟现实技术在旅游产业中的运用越来越广泛，这也为此技术在未来的推广普及提供重要的支撑。为了让使用者能够拥有更富内涵的游览体验，在未来的技术应用中，首先必须深入挖掘当地城市的历史文化传统，从而提升城市的知名度并扩大其在文化发展中的影响力；其次要善于利用虚拟现实的多用户实时交互技术，融合并延伸传统旅游文化的陈列模式。

现今社会对旅游文化遗产的印象，依然保留着以传统器物为主的观念。但是随着人们生活水平的提升，对旅游文化也转变为可接受状态，并且更多关注旅游文化遗产，这为今后虚拟现实技术与旅游文化的结合明确了基准点。有关虚拟现实技术在旅游产业中的推广和普及，应该从设备的输出、输入方面进行整合，推动同一设备的行业标准化，避免因设备规格繁复而让参观者增加前期投资，最终降低整个游览的沉浸式体验。未来数字旅游在技术开发和实际应用阶段，研发人员应充分利用网络互联等技术手段，寻找旅游文化的新型宣传模式，采取能被公众更好理解与接纳的方式，处理不同旅游文化城市数字游览体验相似的设计缺陷，最终达到数字科学技术与历史文化的创新再融合目标。此外，基于互动模式的优势，在数字网络平台呈现的虚拟游览新形式，为使用者带来更真实的视觉、触觉、听觉、嗅觉等感官体验，鼓励消费者分享个人体验，在无形中实现营销推广，为数字技术与传统文化遗产的创新融合带来积极有效的正面影响。

五、结语

伴随着经济全球化的发展趋势和人类命运共同体理念的引领，"文化软实力"渐渐成为国际政治领域的关键词。习近平总书记在党的二十大报告中提到，"推进文化自信自强，铸就社会主义文化新辉煌"，繁荣发展文化事业和文化产业，增强中华文明的传播力与影响力。中华文明五千多年所积累、传承的丰饶历史文化底蕴，以及珍贵的历史文化遗产与旅游文化遗产，理应成为我国文化发展传承的新名片。

在旅游文化遗产数字化保护中运用虚拟现实技术，优势在于通过数字化技术转变旅游资源展示模式，获得多维度的体验感受，让更多人了解旅游文化，扩大旅游文化遗产传承与影响范围，这也是推动旅游行业长期发展的有效手段。与此同时，也应思考如何延伸文化旅游数字化，让数字技术既对文化旅游产业提供助力，又不遮蔽文化旅游产业本身的活动特性。当代旅游业可持续发展的核心既要释放消费需求，增强市场主体的获得感，又要逆向促动产业改革进步。在新一轮产业变革和科技发展中，借助数字化、网络化的智慧互联新模式，提升数字创意文化旅游行业的多维融合和经济的有效增长。

注释

1　参见张晟、张玉蓉《元宇宙视域下文化旅游数字化传播探索》,《新闻爱好者》2022年第9期。

2　参见赵亮等《基于遥感技术下虚拟旅游平台的设计与实现》,《中国新通信》2019年第14期。

3　参见汤朋、张晖《浅谈虚拟现实技术》,《求知导刊》2018年第36期。

4　参见徐硕等《VR/AR应用场景及关键技术综述》,《智能计算机与应用》2017年第6期。

5　参见戴斌《数字时代文旅融合新格局的塑造与建构》,《人民论坛》2020年第Z1期。

6　参见董雨诺、朱晓艺《虚拟现实技术在博物馆中的应用——以故宫博物院为例》,《明日风尚》2022年第8期。

7　参见戴斌《旅游复苏》, 旅游教育出版社2021年版, 第169—172页。

8　参见刘延斌《虚拟现实技术在茶乡旅游开发中对文化保护促进作用的研究》,《福建茶叶》2019年第1期。

9　参见李沣《虚拟现实技术在城市旅游文化宣传展示中的应用——以南昌万寿宫为例》,《美与时代(城市版)》2020年第2期。

信息互联环境下文物保护平台建设实践

　　文物是中华文化的历史积淀，在文化传承中发挥着重要的作用。现阶段，我国乃至世界都处于信息互联环境下，这一大背景也对文物保护提出了新的要求。文物保护已经不能再局限于传统的策略，而应该借助现代化的手段，通过平台建设，来探索新的策略，积极推进文物保护的现代化、数字化，用文物保护传承中华文化，提升文物保护水平。2022 年 8 月，中共中央宣传部、文化和旅游部、国家文物局联合印发《关于贯彻落实全国文物工作会议精神的通知》。该文件要求，从认真贯彻落实新时代文物工作方针、全面加强文物保护管理工作、不断强化文物安全长效机制、切实提高文物研究阐释和科技创新能力、持续深化文物国际交流合作、大力推进文物机构和队伍建设、积极营造重视文物工作的社会氛围等方面深入贯彻落实全国文物工作会议精神。

文物蕴藏着时代的记忆与文化思想。传统文物不仅是人类智慧的造物结晶，也是全人类的共同财富，是文化多样性的生动展示，是整个人类文明的重要组成部分。而在经历了几百年甚至几千年的侵袭，以及人类活动、自然等因素的影响后，文物呈现损毁、被加工等各种状态。因此，文物保护有关部门在日常工作中，需要做好各种文物的保护与修复工作。信息互联背景下，越来越多的文物保护机构积极推进平台建设，通过信息技术等的应用，平台内有关人员能够共享文物信息。针对文物现存的问题，采取更为有效的保护策略，使得文物保护工作不再局限于传统的技术手段，而是积极通过新技术提升文物价值。

一、信息技术在文物保护平台建设中的作用

（一）文物历史信息的数字化

我国历史悠久，中华上下五千多年形成了独有的文化特色，文物是文化的直接反映，人们可以通过对各种文物的分析和研究，来了解文物产生时期的历史背景、文化内涵。随着我国进入新的发展阶段，对文物保护越来越重视，作为重要的文化资产，其存在具有独特性，一些珍贵的文物更是独一无二。虽然在技术不断发展的今天，文物保护技术越来越成熟，但是，在实际开展保护工作时，依然存在着很大的技术局限性，尤其是一些文物受时间因素影响，部分损伤是不可逆转的，而通过信息技术的应用，可以为文物修复人员提供更为有效的保护策略。[1]比如，

数字化技术能够对文物实现三维扫描，有效保障文物中全部信息的采集，这些信息的数字化，可以使文物保护工作更为有效，从而提升文物的价值。

（二）拓展产品的展览空间

文物经历的时间非常久远，长期受到自然、时间等因素影响，文物面临的损坏是非常大的，这些损坏使得文物保护和修复的难度越来越大，甚至一些文物是不可修复的。信息互联环境下，信息技术在文物保护工作中的应用具体体现在文物保护平台的建设。文物保护平台的建设，在一定程度上可以拓展文物的展览空间，具体来说，信息技术可以将文物的信息全部上传到互联网中，有关人员可以直接利用数字化平台来实现文物的在线浏览。展览空间的多样化使文物的传播价值有所提升，避免了近距离浏览造成的文物损耗。[2]

（三）实现文物资源的共享

信息技术在一定程度上可以实现文物资源的共享，如在建立了文物保护平台以后，有关人员就可以通过信息上传和传输技术，实现各种文物信息的共享，从而使文物的保护工作可以更为高效地开展，保障了保护策略与文物破损问题的配套性。因此，在文物资源的共享机制下，相关部门与人员可以更好地进行沟通与交流。

二、信息互联下的文物保护平台建设技术

（一）数字测绘

在文物保护工作开展时，测绘工作非常重要。先进的测绘技术，可以保障文物保护工作更为有效、有序地开展。因此，文物测绘是文物保护工作开展的前提，不论是考古研究，还是文物保护、数据存档等，文物测绘都是非常关键性的工作。

在传统的文物保护工作中，由于存在非常大的技术局限，很多文物保护工作在开展过程中都没有测绘数据的参考。传统的测绘以手工测绘为主，在测绘时常常会存在测量不准确、效率低下等问题，且难以从多个角度和方位来开展测绘工作，最终获得的测绘数据和结果无法作为文物保护的依据。[3]

在当前技术背景下，测绘技术的数字化发展趋势非常明显，数字测绘技术在文物保护中的应用，使测绘的效率和质量都大大提升。比如，三维数字测绘技术的应用使测绘时间大大缩短，且比传统的人工测绘更为精确与完整，有效提升了文物调查的整体水平。以龙门东山的擂鼓台考古工作为例，在实际的工作中，可以充分利用三维扫描技术将原始几何数据永久保存起来，这些测绘数据与信息可以作为后续文物保护工作的重要参考，为文物保护提供了形态和尺寸数据。如果在文物测绘和保护工作中，面临的是野外一些比较复杂的测绘条件，而三维激光扫描技术又难以发挥其作用时，可以选用数字近景摄影测量加全站仪的测量方

法，这些测绘技术可以使测绘结果更加可靠。数字近景摄影测量技术下，测绘精度非常高，测量的工作量相对较小。

（二）科学建模

在文物保护工作中，当利用数字化测绘技术获得完整的测绘数据和信息后，就可以直接在此基础上进行三维模型的构建，这样就可以使文物保护的调查、设计工作更为便捷。比如，在模型中可以更为准确地标出地质病害，还可以经由全面的模型分析对岩层的稳定性进行判断，根据前期的分析和判断结果制定预防性保护策略和措施，以此保护文物结构的稳定性，避免岩层失稳对文物造成的损坏。这一方式有效提升了文物保护工作的效率与质量。

（三）数字修复

在当前的文物保护工作中，数字修复同样是一种十分有效的技术。在具体的应用过程中，这一技术实现了现代科技手段和已有文物资料、信息的有效结合。通过数字虚拟技术的应用，文物中一些难以再现的实物状态得以被模拟出来，不仅不会对文物本体产生破坏和干扰，还可以大大满足人们的审美需求，使得文物修复更具现代化的特征。[4] 因此，数字修复技术不仅可以帮助文物修复和保护，还可以再现更多的文物价值。当文物在保护和修复过程中，存在留存本体和缺损部分的特征信息时，专业人员就可以利用结构和缺损部分的信息分析，利用建立的三维模型来开展三维虚拟修复。虚拟修复的过程具有数字化特征，可以避免人工直接对文物本体修复造成的破坏。

（四）虚拟现实技术

虚拟现实技术是信息时代的产物，在很多领域都得到了有效的应用，不仅仅体现在文物保护和修复领域。虚拟现实技术下，可以利用所采集的三维扫描数据和纹理数据，在整合处理的基础上，形成文物的三维虚拟空间。在配置了相应的虚拟现实设备以后，就可以直接在三维虚拟空间内利用传送、放大、照明等多种功能，来观察文物内的各个细节，进而实现更为精确的修复，有利于恢复文物的历史价值。

三、信息互联环境下的文物保护平台建设

（一）平台架构设计

在信息互联环境下的文物保护平台建设中，如果要保障文物保护平台建设的质量，专业人员就要加强对整个平台架构的设计。文物联盟成员全体要根据在文物保护工作中的岗位、职责、层级划分，将整个平台划分为三大构成：文物科技保护者、科技实践基地管理者、文物主管单位。在整个平台设计中，设计者要充分考虑不同层级用户的实际需求，开展有针对性的设计。在具体的平台设计中，要采用自下而上的分层架构，主要以数据层、业务层和服务层为主，每个层级都有各自的任务，在互相配

合与协调过程中，保障文物保护平台的整体功能。在总体架构下，还需要开展科技资源专业数据库、服务管理应用支撑系统和文物科技保护门户的建设。

（二）主要内容

文物保护平台建设的最终目的是，在文物保护工作中融入现代化的技术和手段，如通过网络技术、信息技术等来实现文物信息的共享，通过在平台共享仪器设备、数字化文献资源、科学实验数据、科技成果等的全面共享，就可以使文物保护策略更具现实指导意义。文物保护平台的建设投入使用以后，科研工作者可以直接以此为工具，享受相应的文物科研成果，并实现成果检索、科研仪器远程预约、成果转化和信息推送。文物科研机构在利用文物保护平台时，可以直接基于云服务架构，逐步构建标准化的文物保护科研管理系统，为文物保护机构和部门提供切实的参考。文物主管部门在开展文物保护工作时，能够直接调取平台的数据和信息。文物保护平台建设的功能和定位是：具备完善的功能，利用该平台，有关部门和人员就可以为文物保护的公共服务类活动和行为提供有效的载体，形成完整的资源数据存储、科技成果转化等，使各个主体之间可以保持相互的协调与配合。其总体架构如图1所示：

1.数据层——科技资源数据库

数据层建设的关键是要形成完善的科技资源数据库，集中全部的文物数据。在科技资源数据库的建设过程中，专业人员需对已有的文物资

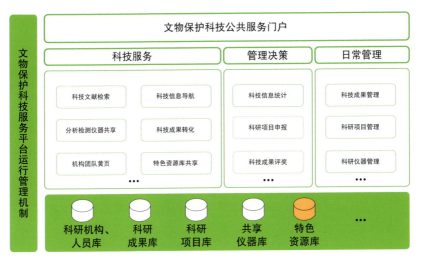

图1 文物保护平台总体框架图

源和数据进行整理、挖掘和分析，利用现代化的技术保障数据库中数据的全面性。[5] 科技资源数据库中，需包含科研机构库、专业人员库、科研项目库、共享仪器库和特色资源库等多个子数据库。

2. 服务层——管理服务应用支撑系统

在文物保护平台，服务层建设的关键是要进行管理服务应用支撑系统的构建。在专业数据库建立以后，就可以为文物资源的管理与服务提供良好的条件。科技服务支撑应用体系，包含的建设内容繁多，流程复杂，主要以下列内容为主：（1）面向科技服务：重点要使平台业务层具备科技文献检索、科技信息导航、成果转化、检测仪器共享、特色资源共享等功能；（2）面向管理决策：如果从这一角度来考虑，重点要进行科技信息统计、科研项目申报、科技成果评定；（3）面向日常管理：重点要进行科研成果管理、项目管理、仪器和人员管理。[6]

3. 业务层——文物保护个性化服务门户

业务层建设目的是为文物保护的各个主体提供更为个性化的服务。在实际的建设过程中，设计人员必须要严格按照文物保护工作者、科研机构和文物主管部门等用户群体的切实需求，来保障在该层中服务内容的广泛性。比如，作为文物保护平台的主体，文物保护科技工作者需根据自身对平台的服务需求，在该平台建设专门的信息资源数据库，实现文物资源的共享，以期在文物保护工作开展过程中，能够寻求不同机构、部门的合作，保障文物科研成果转化为现实成果。[7]科研实验基地和科研机构管理者同样是平台的使用者，如果要满足这一业务需求，就需要在平台内构建科研信息发布、信息管理和资源更新等模块。

4. 技术路线

（1）确定文物保护各单位（用户）的基本需求。信息互联环境下，为保障文物保护平台建设整体的严格标准与要求，就需要在平台建设之前，由专业人员负责用户基本需求的收集，并对各个文物保护主体的需求进行分析，最终确定平台建设的目的。用户在提出基本的功能、信息与数据、界面形式、应用服务等各种需求以后，专业的平台建设人员需要在此基础上确定初步的平台模型。

（2）构造初始原型。初步平台框架构建后，专业设计人员需根据平台内部的功能与服务细分，进一步利用现代化技术和手段构造原始模型。

（3）运行、评价、修改原型。在文物保护平台建成投入使用以后，专业人员需结合文物保护的现实需求，对平台实施试运行。通过试运行，可以发现平台内存在的问题，经由详细的检查、判断与分析，对模型加以充分改进。在试运行的过程中，需加强开发人员与用户之间的沟通，不断整合用户的现实需求，反复修改直到该平台达到使用要求。

（4）最终的平台系统。在最终的文物保护平台投入使用以后，有关管理部门和人员需结合平台的规模、运行特征，制订完善的管理和运营方案，明确规定各个主体在使用该平台时的权限，做好细节问题的处理。

四、结语

文物和文化遗产承载着中华民族的基因和血脉，是一个国家、一个民族历史文化成就的重要标志，其蕴含的文明力量是经济社会发展的重要支点、无形资产和稀缺资源。近年来，随着国家对文物保护工作的重视，在新时代的背景下，文物保护工作面临着越来越大的挑战。本文以信息技术为工具，架构文物数字化保存体系，搭建文物保护科技资源数据库，建立科技管理和服务应用支撑系统，以信息化手段实现文物保护信息资源的共建、共享，最终保障文物保护进入新时代后健康发展。各个地区都需要严格根据文物保护的具体要求，结合信息互联，加快推进文物保护平台的建设，使文物保护工作更具成效，提升文物的价值。

注释

1　参见应鑫迪等《文物保护公共服务平台建设探析》,《福建电脑》2018年第4期。

2　参见张露颖等《互联网 + 文物保护的实践与探索——基于陕西历史博物馆调研报告数据分析》,《教育现代化》2016年第35期。

3　参见张宝圣《数字化技术在博物馆文物保护工作中的思考》,《文物世界》2019年第6期。

4　参见薛晓轩、刘子嘉《吉林省文物保护管理系统的设计与建立》,《测绘与空间地理信息》2015年第11期。

5　参见张奋等《基于时空信息的唐景陵文物智能监测平台设计与建立》,《科技与创新》2019年第13期。

6　参见孔繁秀、张哲宇《西藏康马县数字公共文化服务平台构建研究》,《西藏大学学报 (社会科学版)》2019年第1期。

7　参见周蕊等《"互联网 + 博物馆" 平台的组织采纳影响因素研究 —— 以 "文物山东" 平台为例》,《东南文化》2018年第4期。

后　记

　　从上海来北京工作已经有十余年了,回想这十余年来,我在中国艺术科技研究所工作道路上也探索了十余年。不知道从什么时候开始,我自己渐渐有了身为一名科研工作者的自觉。但是刚开始做科研时并没有这种感觉。虽然本身从事科研工作,我总觉得自己和科研工作者有差距。因为我认为科研工作者不是一般意义上有科研能力的人,而是通过科研工作福泽大众,互动交流,传达科学和人文情怀。

　　什么是科研?科研怎么做?做什么科研?我一开始就对自己提出了这样一系列的问题。为了给出自己的答案,我参与了国家重点研发计划"观演空间感知投影技术与系统研发""中国传统书画专用纸工艺提升关键技术研发",国家财政项目"国家文化消费需求基础性数据调研及统计评估建模",国家文化科技提升计划"中国典型视觉与听觉文化符号的数字化表达与特征量研究",原文化部（现文化和旅游部）科技创新项目"基于大数据分析的色彩设计智能软件""基于中国音乐受众的音乐自动分类研究"，国家文化科技提升计划"互联网演艺设备大数据采集、抽取和检索技术研究"等科研攻关项目，使我从中不断地获得科研养分，解决了怎么做科研的一系列问题。

接着，我该思考：做些什么？什么既符合我们中国艺术科技研究所研究的方向，又能结合自身的专业优势，做一些能被社会与大众接受的应用性较强的科研项目？经过多年的探索实践，我终于摸索出一条既顺应时代发展，又使自己乐此不疲的科研之路：从数字演艺的技术研究途经，诞生了 AR 与博物馆场景的创新，从创作"沉浸式 VR 皮影田忌赛马"和"VR 戏曲互动体验"为开端，把 AR 与博物馆场景完美融合形成"AR 鲁迅故居场景"突破性的实践与创新，进而打开了一条 AR 博物馆与戏剧科研融合与应用的场景，探索 AR 博物馆场景与观众体验的新途径。近年来创作的 VR 博物馆与戏剧科研融合的应用场景，参加了"第 17 届中国义乌文化和旅游产品交易博览会""庆祝新中国成立 70 周年——2019 中国（青岛）艺术博览会""2019 年中国旅游产业博览会""2019 中国—东盟（南宁）戏剧周"和"2019 第十六届上海教育博览会"等博览会，得到了业内专家的好评，受到中央电视台《新闻联播》、新华社（国内/国际版）和学习强国等 79 家媒体的关注、报道与转载，并获得"2021 年文化和旅游研究院所科研建设优秀成果奖""文化和旅游部 2019 年文化和旅游装备技术提升优秀案例""2019 年中国（青岛）艺术博览会特殊贡献奖（集体）"等奖项。我也被科技部、中宣部、中国科协评选为"2020 年全国科普工作先进工作者"荣誉称号。

我想邀请那些对艺术有兴趣，在科研入口观望的读者一起来阅读这本书。科研看起来门槛很高，感觉很严肃，其实我们可以让它变得生动和有趣起来。相信很多人即使对科研有兴趣，也不一定真的认为自己可以成为科研工作者，但我认为，只要运用好科技赋能文博事业、脚踏实地探索、有想法，就能走好艺术与科研融合这一条路。

在此，我要感谢文化和旅游部科技教育司对我持久的关心关怀，感谢中国艺术科技研究所的领导和同事对我的信任和支持，让我的艺术想象与科技创意得以实现。感谢中国艺术科技研究所李蔚所长在百忙之中，指导我写作，并为拙著写序。感谢故宫博物院王跃工副院长，中国国家博物馆张伟明副馆长，国家文物鉴定委员会委员、故宫博物院余辉研究馆员对拙著的指导与推荐，为拙著增添了学术的光彩！感谢我的朋友和亲人，你们的爱让我快乐地做着自己喜欢的事。在编辑与出版的过程中，感谢文化艺术出版社徐福山社长和王红总编辑的大力支持，感谢拙著的编辑董良敏及美编等小伙伴为之付出的心血。向多年以来帮助与支持我的人们，致以诚挚的谢意！

艺术探索没有止境，科研创新也没有止境。没有什么是完美的，相信这本书也是，但是，还是很期待您喜欢它！

张　晴

2023 年 4 月 18 日于中国艺术科技研究所